芸人という病

マシンガンズ
西堀亮
Ryo Nishihori

双葉社

今から20年後、あなたはやったことよりも
やらなかったことを悔やむことになるだろう

――マーク・トウェイン
Mark Twain

芸人以外にやりたいこともないし、それを投げ捨ててまで
収入のために何かやることに意味があるとは思わない

――和賀勇介
Yusuke Waga

プロローグ

芸人という病

ただいま――。

玄関の扉を開けて、小さくそうつぶやいた。時刻は午前4時を回っている。足音を立てないように寝室に行くと、カミさんが小さな寝息を立てていた。

プシュッ……冷蔵庫に冷やしておいた缶ビールを開け、テレビのスイッチをつける。カミさんを起こすといけないので、音量は小さめにした。朝の情報番組が始まる前のテレビには、通販番組が流れていた。

夜が明けかけているのが厚手のカーテン越しからも分かった。ビールを口に入れる。さっきまで芸人仲間と打ち上げ会場の焼肉屋で飲んでいた酒とは違った味がした。

缶ビールを片手にソファにもたれかかり、ゆっくり目を閉じると初めて、長い一日の喧騒が現実のことだったのだと実感できた。

『THE SECOND～漫才トーナメント』――。フジテレビで放送された結成16年目以上のコンビを対象とした漫才の賞レース。その第1回大会で、俺は準優勝という大金星を手にすることができた。

これで何かが変わるのかな……淡い期待が込み上げてくる一方で、いや、変わることはないかもしれないという恐怖も同時に感じていた。どちらにせよ、やれることをやるだけだと思った。

2008年からレギュラー放送された『爆笑レッドカーペット』（フジテレビ系）や、その少し前から放送が開始されていた『エンタの神様』（日本テレビ系）に出演させてもらい、芸人として鳴かず飛ばずの状態からお笑いファンに名前を知ってもらうことができた俺だったが、その後は長らく暗闇の中にいた。

収入は激減し、生活苦から定期的に土木作業のアルバイトをこなす毎日。たまに芸人の仕事があっても、それで生活していくのはギリギリだった。

相方の滝沢は安定した収入を得るために、ゴミ清掃員の仕事を始めていた。さらに、筆まめなので、小説を書いたりゴミ収集の時に気がついたことをエッセイにまとめたりして、新たな仕事につながっていた。俺も何かしなくちゃな……そんな焦りを抱えながらも、俺はそれに気がつかないフリをしていた。

「もう、芸人辞めて働こうかな……」

ある日、カミさんにそう言ってみた。すると、朝の身支度をしながらカミさんはこう言った。

「あんた、他にすることないでしょ」

正直に言うと、なんだかホッとした。

ただ、カミさんが出勤した後、リビングでボーッと朝の情報番組を眺めていたら涙が出そうになった。ベランダに飛び出して、大声で何か叫びたい衝動に駆られた。

「俺は何をやっているんだろう——」

それから、今の自分に何ができるかを考えてみた。世間は当時コロナ禍だったので、ライブは難しい。そもそも、何年も新ネタなんて作っていないし。

「ＹｏｕＴｕｂｅでもやってみるか」

これが俺の出した結論だった。チャンネル名は「西堀ウォーカーチャンネル」。散歩が好きだったので、スマホを片手に都内を散策し、その映像をそのまま流せばいいという安易な発想だった。

俺が何か始めたのを喜んでくれたのか、有吉さんも動画に出演してくれた。同じ事務所の後輩芸人も、何だか分からずに参加してくれた。

うれしかった。何かをやって世に発信しているという充実感があった。編集は素人がちょちょっとやっただけなので、ほぼ映像は垂れ流しだが、「それがいい」という視聴者の声もあり、かすかな手ごたえを感じることもできた。

よし、このまま続けていこう。でも、早速ネタに詰まってきた。散歩だけでは、すぐに限界がくることが分かった。何かいいコンテンツはないかな？　いっぱしのＹｏｕＴｕｂｅｒ気取りで、あれこれと考えながら、土木作業のアルバイトもこなしていた。そんなある日、先輩作業員からこう言われた。

「そういえば和賀くん、この間、昼飯にローストビーフ買って食べていたよ。あれ、1300円するんだよ。彼、日当が1万円でしょ。豪気だよね（笑）」

芸人としての収入がほとんどない後輩芸人の和賀も、俺と同じ会社で土木作業のバイトをしている。彼は現場ではアイドル的な存在で、作業員の方たちにかわいがられていた。

そういや、和賀って一緒にいると楽しいし、面白いやつだよな。灯台下暗し――俺はすぐそばに格好の動画ネタがいることに気がついた。

「和賀、今度、お前の一日に密着したいんだけど……」

「はあ？　何が面白いんですか？」

「面白いんだよ、お前は。今度一緒に土木やる時に動画回すからね」

こうして俺のチャンネルのドル箱企画となった「和賀密着」シリーズが誕生した。

和賀だけではなく、同じ事務所の松崎やねろめ、芸歴では先輩のブラックパイナーSOSの2人、新宿カウボーイの石沢など、徐々に「タレント」がそろっていった。有吉さんが面白がって、『サンドリ』（『有吉弘行のSUNDAY NIGHT DREAMER』JFN系列）で取り上げてくれたことも手伝い、再生回数も伸びて視聴者のコメントも増えていった。

ただ、正直言うと、売れっ子YouTuberみたいに、動画の再生回数に応じた収入で食べていけるなんてことはなかった。飲み食いした経費が出るくらいの収入しかないので、赤字になる回もあった。でも、俺は楽しかった。動画を回して芸人仲間と酒を飲んでいると、嫌なことを忘れられた。

それと同時に、「なんでこいつらはどん底にいるのにこんなに楽しそうなんだろう」という素朴な疑問も湧いてきた。

そんな折だった。旧知の編集者から、「西堀ウォーカーチャンネルを書籍化したい」という話が事務所に来た。『THE SECOND』でマシンガンズが再び世間の注目を集めるよりも前の話だ。出版社は純粋に俺のYouTubeチャンネルを見ておもしろいと思い、オファーをくれたわけだ。

初回の打ち合わせの席上、編集担当が言った。

「和賀さんとか松崎さんとか……みなさん、なんであんなに楽しそうに生きているんでしょうか。芸人としては鳴かず飛ばずで、いい年してバイトして糊口をしのいでいるわけでしょ。なんで芸人を辞めないいんでしょうか?」

俺はこの質問に答えることができなかった。分からないというのが理由だ。彼らに対する質問は、そのまま俺にも当てはまるものだった。

「なぜ芸人を辞めないのか?」

——これは永遠のテーマかもしれない。

「う〜ん、分からないですね。なんででしょう……。ま、ひとつ言えるのは、芸人でいたいんですよ」

「でも、生活はつらそうですよ」

「それをつらいって思わないんじゃないですかね。ある意味、病気ですよ」

そう、病気――。俺やこの本に登場する面々だけじゃない。芸人という人種は少なからず「病気」にかかっているのだと思う。

「芸人という病」――。

本書のタイトルは、こうして決定した。

多様な生き方が肯定される時代だ。芸人という生き方も捨てたもんじゃないのかもしれない（?）。

今、楽しく生きている人もそうでない人も、この本を読んでみてほしい。何かの発見や癒しが見つかったら、こんなにうれしいことはない。

2023年9月吉日　マシンガンズ・西堀亮

目次 *Contents*

File.02 ——— いつ来るか分からないバスを待ち続ける男

松崎克俊

File.03 ——「無観客無配信単独ライブ」を続ける男

ねろめ

Contents

File.06 ―― 寄席と自宅を徒歩で往復するだけの男

新宿カウボーイ・石沢勤

File.07 ――『THE SECOND』で奇跡の復活を果たした男
マシンガンズ・西堀亮

土木作業の日給を一日で使いきる男

File.01 ——和賀勇介

File.01

和賀勇介

（わが・ゆうすけ）1981年生まれ、北海道出身。高校卒業後、お笑い芸人を目指し同級生とともに上京。東京アナウンス学院を卒業後、2001年に太田プロからコンビ『トップリード』としてデビュー。多彩なコントを武器に、『オンバト+』（NHK）初代チャンピオン、『キングオブコント』（TBS系）で2011年から2年連続決勝進出などの実績を収め、プチブレイク。その後、コンビ解散などを経て、現在ではその飾らない生活を「西堀ウォーカーチャンネル」で披露し、コアなファンを獲得中。

和賀の家計簿

1か月の収入	19万円 （芸人としての収入3万円／その他収入16万円）
家賃	53,000円
光熱費（ガス・水道・電気）	10,000円
通信費（スマホ・自宅Wi-fi）	10,000円
食費（外食・飲み代含む）	55,000円
遊興費	76,000円 内訳）銭湯・サウナ…20,000円、タバコ…16,000円、交通費…10,000円、本やDVD…5,000円、その他
その他支出	15,000円（借金の返済）

収入：19万円	支出：21万9,000円	計：−29,000円

和賀に聞きたい8つのこと

❶ 現在の貯金額は?……0円(借金が約20万円)

❷ これまでの芸人としての最高月収は?……約40万円(2012年12月)

❸ 芸人デビューして以降のバイト遍歴……製本工場、モデルルームの看板持ち、結婚式の2次会の司会、処方箋薬局の清掃、土木作業員(現在も)、BARの店員(現在も)

❹ これまでの人生で一番大きな買い物は?……HDDプレイヤーの約50,000円

❺ あなたにとってのプチ贅沢、ささやかな幸せは?……収入が多い月にエッチなDVDを買う。

❻ 金がなくてもこれだけはやめられない?……酒、タバコ、サウナ

❼ 月に幾ら収入があればよい?……30万円

❽ こうすれば金が貯まる?　どうする?……酒とタバコをやめる。ダイエットする。

物件情報

家賃：53,000円

都内、6畳ワンルーム、ユニットバス付、築30年2階建てアパートの1階

実録!! 和賀の土木めし

「西堀ウォーカーチャンネル」の人気シリーズ『土木作業の日給を一日で使いきる男、和賀』。そこでは朝、昼、晩と和賀の食生活が明らかになっている。朝はファミチキをサンドして食べ、昼はスーパーで1,600円の大きな出費、夜は残った全部の金で酒を飲む……。そこに金を残そうという気持ちは微塵もない。「明日死んでもいい」それが和賀の思いなのだから――。

食いたいから食う！
昼から寿司を選ぶ和賀

死ぬ時は、「元・お笑い芸人の…」っていうより、
「お笑い芸人の…」でニュースになりたい。

――和賀勇介

日給を使いきる男の「目を逸らす力」

西堀　この本はさ、俺のＹｏｕＴｕｂｅチャンネル「西堀ウォーカーチャンネル」に出てもらっている売れてない芸人と俺が対談するというコンセプトなんだよね。

和賀　いやいやいや。まず引っかかるのが、「売れてない芸人」って失礼ですよね（笑）。

西堀　売れてないだろ！　ただ、お前は俺のチャンネルのエースだからな。その界隈では売れっ子、大スターだよ（笑）。

和賀　あんまうれしくないですよ（笑）。

西堀　お前の一日に密着した動画が好評でね。その名も「土木作業の日給を一日で使いきる男」シリーズ。あるいは「土木飯」シリーズ。

和賀　いや、ありがたいことですよ。

西堀　まぁ、内容は読んで字の如くなんだけどさ。そっちの話を先にしちゃおうか。もともと、俺のチャンネルは和賀とかと一緒に東京を散歩する動画がメインだったのよ。

和賀　そうですよね、あれも楽しかったですよ。

西堀　でさ、その収録というか、散歩の時から、和賀の芸人らしい突っ込みとかが、冴えていたんだよな。でもね、その後に始まる土木飯シリーズの片鱗みたいなのもあって。

和賀　片鱗ですか？

西堀　うん。どこだったかな、大崎とかそこらへんだったんだけど、線路沿いに公園があって、親子連れとかいてさ。その近くにでっかいタワマンがあるのよ。そこ通り過ぎたときに和賀が、ぱっと振り返って「関係ねぇ！」って（笑）。「俺には関係ねぇな！」って、自分の人生にタワマンは関係ないって思った瞬間にぽろっと出たんだろうな、デンジャラスの安田さんも「あそこが最高」

って（笑）。「なんで口に出すかね」ってさ。土木魂が出ちゃったんだな（笑）。

和賀　なんかどうしても言いたくなったんでしょうね。でも、タワマンなんて、人騙したりして稼がないと住めないいんじゃないですかね？

西堀　おい！　そんなわけないわ！　あともうひとつ、俺が土木飯の動画を撮ろうって思ったきっかけがあってさ。

和賀　なんですか？

西堀　和賀と同じ現場にいて、昼休憩の時間になって、和賀が土木の道具を置いて、現場の目と鼻の先にある、ローストビーフ丼の店に入っていったんだよ。そこにスコップおいて。

で食べるでしょ。１３００円のローストビーフ丼。で、一服して、時間になったらスコップ持って作業始めるんだよ。日当が１万円だよ。昼飯にローストビーフ丼とその他で２０００円つかうって、かっこいい生きざまだなって！

和賀　何も考えてないですよ（笑）。ただ、うまそうだったから食べただけで。

西堀　ただ、視聴者には好評なんだけど、唯一、俺の義理のお母さんだけには不評でね。

和賀　え……!?

西堀　義理のお母さんから、「東京の街を歩く動画が楽しかったのに、急に汚いおじさんが出る動画になった！」ってクレームが来たのよ（笑）。和賀のこと、「あの子生意気ね」って言われちゃって（笑）。

和賀　それはどうしようもない（笑）。

西堀　でさ、ここからは和賀の生態というか、聞きたいことなんだけど、動画を見た人を含めて、和賀を見てみんなが思うのが、「楽しそうだな」。そのあとに続くのが、「なんで」っていう疑問なんだよ。

和賀　「お前みたいな奴がなんで楽しそうなんだ」ってことですか？

西堀　そうそう（笑）。だってさ、朝は買った朝飯だけ持って集合してさ、ファミチキ食べたりしてさ、昼飯も日給があるからって好きなもん食って、で、夜は日給使い果たすまで飲むわけだろ？　楽しそうなんだよ。そこだけ切り取ると。でもみんな、というか普通の人は、そのあとで不思議に思うんだよ。「なんでこの人、こんな環境なのに楽しそうなんだろう」って。今、楽しいの（笑）？

和賀　なんですか、その質問（笑）。でも、前よりは楽しいですね。

西堀　前っていうと、いつよ。

和賀　やっぱり解散した時に比べたら……。

西堀　あぁ、そうか。知らない人もいるかもしれないけど、和賀は元々『トップリード』っていうコンビで、コントやってたんだよ。

和賀　そうです。

西堀　今、芸歴何年目でいつ解散したんだっけ？

和賀　今22年目で……16年目に解散ですね。

西堀　じゃあいい時のピークって何年前？

和賀　デビューして11年目の『キングオブコント2011』ですね。

西堀　決勝進出したんだよな。じゃあそこでプチブレイクというか、食える感じになったんだね。

和賀　まぁ、そうですね。はい。そっから5年くらいは、そんな感じでした。

西堀　5年か……なんで5年で終わっちゃったの？

和賀　いや、だから解散だよ！　さっき言ったし、知ってんだろ！

西堀　ごめんごめん（笑）。まぁな、理由はね、あんまり深くは言わなくていいけど、相方の不祥事だよな。ちょっとニュースとかにもなっちゃってな。

じゃあ、そこが芸人としての底になっちゃった感じ？

和賀　もうデビュー1年目当時に急に戻った感じで。

あったものがすべてなくなったというか……。

西堀　一気になくなったんだ。

和賀　はい、最初のうちは先輩が番組に面白がって呼んでくれたりとかはあったんですけど、そのうちにそれもなくなって……。

西堀　そうか……そのブレイク時って、正直どれくらいもらってたの？

和賀　平均すると月20万円くらいですかね。

西堀　じゃあそれもなくなって、もうヤバいってなって、土木とか？

和賀　はい、前からいろいろなバイトはしてましたけど、そのくらいの時期に、西堀さんに誘われて土木の仕事と、あとは三茶のバーでバイトを始めてましたね。

西堀　今は土木とバーの二足のワラジだもんな！

和賀　一応、芸人だわ！　履かせてくれよ、三足目を！　そのつもりでやってんだから！

西堀　（笑）。これもさ、聞いたことなかったんだけど、相方が不祥事起こして、ニュースになるって時は、どんな気持ちで、どう過ごしてたの？

和賀　ニュースになるかどうかも分からなかったんで、ドキドキしてましたけど、結局ニュースになっちゃって、その瞬間は「マスコミの人とかが来たらどうしよう」って思って、すぐに家を飛び出しましたね。

西堀　どこに向かったの？

和賀　5円スロットですね。

西堀　なんでスロット行ってんだよ！　なんかそういう衝撃に直面したら、河原とかさ、公園とかでたたずむイメージあるけど。

和賀　1月だったんで寒くて……。

西堀　外はないなって？

和賀　はい（笑）。

西堀　スロット中は何を考えてたの？

和賀が酒を浴びるように飲む動画がプチバズり中

和賀　いや、何も考えてなかったですね。不安とかどうするんだろうとか思う前に、スロットが当たったんですよ。
西堀　思う前に当たって、少し忘れられたんだ（笑）。
和賀　はい（笑）。
西堀　クズだねぇ（笑）。じゃあその日はまったくこれからのこととか考えられず？
和賀　そうですね、パチスロのあと家に帰って一人で酒飲んで寝ましたね。
西堀　それで後日、解散になるんだもんな。このエピソード聞いただけでも、今俺が和賀に感じてる、「目を逸らす力」みたいなのを感じるよ。
和賀　「目を逸らす力」って何ですか（笑）。あの時はもうそんな状態じゃなくて、今思い返しても、あんまり覚えてないんですよね。あの当時のことで覚えてるのは、解散直前のタイミングで、有吉さんと西堀さんに呼ばれたこと。

西堀　あー！　あったわ、たしかに。
和賀　店に行ったら有吉さんが「もう何も言うな」「全部分かったから」って。俺が来るまでに2人で話してたんでしょうね「こういうことだろう」って（笑）。
西堀　事実とか見たことだけじゃなく、予測も含めてね（笑）。
和賀　いやいや、説明させてくださいよ（笑）。
西堀　こんな経緯で今は一緒にＹｏｕＴｕｂｅとか撮影してるんだけどさ、俺は今でも解散事件の影響があるんじゃないかなって思うのよ。
たとえば、「芸人としてもっとこうしたらいいのにな」って和賀に投げかけた時に、きちんとそれを受け止められていないっていうか、「でも俺のせいでこうなったわけじゃないしな」ってのがあるんじゃないのかなって。
和賀　いやそれはありますよ。俺のせいじゃない。
西堀　そうだよなぁ。だから、それは感じるわけ。でもその反面、「これでいつまで行くのか」っていうのも思っちゃう。でも、芸人でいたいんだもんな。
和賀　はい。
西堀　やっぱり病気だな！

「芸人至上主義」

西堀　だってさ、今の状況考えると「なんで芸人を辞めないのか」って思う人もいると思うんだよな。
和賀　そうですね……。
西堀　それこそ、収入でいえば、芸人辞めても稼ぐことはできるわけじゃん。稼げる仕事は他にもあるわけじゃん。
和賀　いや、ないでしょう！　40歳で。
西堀　え、そういう考え方はあるんだ？　じゃあ、稼げる仕事があったら、辞めたりって考えるわけ？
和賀　うーん、いや！　やっぱりないですね。辞めるっていう選択肢は。芸人でいたいんです。

西堀　だよな！　これは芸人みんなにある考えだと思うんだよ。だって、今やってるバイトだってめちゃくちゃ好きなわけじゃないだろ？

和賀　う〜ん、まぁそうですね。ただ、いいところなんですよね。バーは芸人仲間が周りにいるし、土木の現場だって、いい人ばっかりですもん。

西堀　人間関係か。

和賀　そこのストレスが嫌なんですよね。バイト仲間に限らず、ストレス与えてくる芸人なんていないですもん。

西堀　いやぁ、だからこれも病なんだよな。「芸人至上主義」っていうかさ。やっぱり、「芸人といるのが一番」、「一緒にいて楽しい」って思うだろ？

和賀　めちゃくちゃ思いますね。

西堀　でも、そこが働くうえでの最優先になってしまっているのは、会社員の人とかから考えると、異質なのかもしれないぜ。職場にストレスはつきものって思うんじゃない。

和賀　普通じゃないんでしょうね、収入よりもそっちを大事にしているってのは。

西堀　でもさ、和賀の擁護するわけじゃないけど、ストレスがまったくないわけじゃないもんな、角度が違うっていうか、金がないストレスはめちゃくちゃあるもんな！

和賀　そうですよ！

西堀　それでも芸人は辞めたくないんだもんな。

和賀　なんていうか……本当にお笑いがゼロになったら嫌だっていう思いがあるんですよね。あと、芸人以外にやりたいこともないですし、それを投げ捨ててまで、収入のために何かやることに意味があるのかっていう……。

西堀　これはさ、俺にも当てはまるんだけど、「そこまでしてなんでお笑い続けたいのか、芸人でいたいのか」っていうのはさ、根本的な疑問だよね。

和賀 えぇ、なんでなんだろう。そんな……ね、芸人としてやれてるのかって言われたら、今だって分かんないじゃないですか。でもなんで続けているのか、なんで芸人でいたいのか……。

西堀 俺なんかがさ、和賀と話していて感じるのは、やっぱり「楽しい」ってこと。これに尽きる気がするんだよな。だって、芸人でいるのも、周りにいる芸人と一緒に過ごすのも、楽しいだろ？

和賀 それはめちゃくちゃありますね。同じ思いで、同じ苦労していて……そんな人たちと過ごすのは楽しいですね。

なんか、よく分かんないんですけど、一緒にいる後輩とか、純粋に売れてほしいって思いますもん、最近は。

西堀 妬みなどなくね。達観してんじゃん（笑）。でもさ、芸人として知り合った人はさ、仮に芸人辞めても会えるわけじゃん。そいつといると「楽しい」だけに焦点当てたらさ、芸人じゃなくても別にいいじゃん。

和賀 でも僕はちょっと違和感あるんですよね。辞めた人と会うっていうのは。芸人辞めた奴には、「おまえは、もう芸人のこととかしゃべんなよ！」って思っちゃう。

西堀 厳しい！ 厳しいねぇ。

和賀 なんか、辞めた人の中には、楽しそうな人も多いんですよ。「解放された！」みたいな。でも、僕はそういう人たちを見て、うらやましいとかよりも、「あぁ、あの人辞めちゃったんだな」って思っちゃうんです。

西堀 でもさ、その人の人となりというか、その人との関係は変わらないんじゃないのか？

和賀 ただ、僕には辞めた人に対しての違和感があって。だから、自分が辞めた場合も周りにそう思われるんじゃないかなって考えちゃって、嫌なんですよね。

西堀　じゃあ、やっぱり、「芸人を続けることがすごい、芸人でいることも含めて芸人が一番面白い」っていう「芸人至上主義」に違いないよな。

和賀　そうですね。「芸人至上主義」――これは間違いないと思います。

西堀　とんでもない偏見野郎ですよ（笑）。

芸人でいるための条件

西堀　じゃあさ「芸人でいたい」っていうのは分かるんだけどさ、その次には芸人でい続けるための条件を満たしていないとダメなわけじゃない？　それは、和賀はどう考えてんの？

和賀　僕が解散した時に思ったのは、「ネタはやり続けよう」ってことですね。あとはどれだけ貧乏だろうが、どんなに仕事がなくても、ネタだけやっていれば芸人でいられるって……。

西堀　じゃあさ、今ネタやって、ネタでどうにか売れてやろう、どうにかなってやろうっていう思いはあるの？

和賀　それが……ないんですよね……。

西堀　ないのかよ！　ネタへの熱い思いとかじゃないのかよ！

和賀　ないんですよ、それ以上に芸人でいられるっていう思いのほうが強い。ネタを作るのは芸人でいたい、芸人でいるために作るしかないっていう意識のほうが強いですね（笑）。

西堀　なんだよそれ！　かっこ悪いわ（笑）。でも、確かに「芸人でいる」っていうのは、定義がないもんな。人それぞれだよな。

和賀　難しいんですけど、「周りが芸人って認めていれば芸人」だと思うんですよ。だってテレビに出ている人で、もうネタやってなくても、世間には芸人として見られてるわけじゃないですか。

西堀　あぁ、確かにね。それはあるよね。

和賀　それは、周りが「あの人は芸人だ」って言ってるから。で、「俺はどうなんだ？」って時に証明も証拠もない。その時に「いやいや、僕はネタ書いてますから」って言えば恰好つくでしょ。

西堀　もうそれ、芸人であることのアリバイ作りじゃん！　ネタ作りじゃなくて（笑）。じゃあさ、もう芸人としての成功は望まないの？　和賀は今40歳でしょ？　でも、錦鯉の長谷川さんなんかは50歳で売れてるわけじゃん。そういうのは自分にはもうないと思ってるの？

和賀　いや、それはあると思っちゃうんですよね。

西堀　いやぁ、そうだよなぁ（笑）。

和賀　それこそ、錦鯉さんとか、永野さんとか、そういう人たちが売れていくのを見ちゃってるんですよね。それが結構あるっていうか。また辞められなくなっちゃうな、っていう感じで。

西堀　じゃあさ、そのために何かを積んでるのか？　みんな努力して売れるための何かを積んでるわけだよ、そのために。

和賀　でも、何していいか、分かんないんですよ。

西堀　（笑）。そうだよな。芸人って、これをしたら売れるっていう絶対のセオリーはないもんな。

じゃあさ、今「副業芸人」ってのがいるじゃん。芸人以外に何か強みがあって、それを芸人としても生かすっていう感じの。それこそ滝沢みたいな。そういった感じの、なんか売れるためにがむしゃらに何かやるっていうのはないの？

和賀　う〜ん、なんか、そういう感じというか……言い方難しいんですけど、テレビとか見てると最近思うのが、「俺って承認欲求が弱いな」っていうのがあるんですよね。

西堀　なんかそれで言えば、どん底に近い現状に不満がないってのもそのせいかもね。

和賀　最近よく、「こいつ承認欲求強いなぁ」って、女子アナとか見てて思いますもん（笑）。

西堀　それは承認欲求の塊だわ！　あいつらはミスコン勝ち抜いてきた猛者だからな（笑）。ミスコン勝ち抜いて、そっからキー局受けてるわけだからな。

和賀　「私たちはグラビアアイドルとは違うんです」って思いながら活動してるんだろうな、とかって思っちゃうんすよ。

西堀　いやいや、悪口大会じゃないから（笑）。じゃあさ、誰かにコンビ組もうって言われたらどう？

和賀　それが誰かによると思いますけど……。

西堀　でも、そうだよな。変な奴とは組めないよな。トップリードがあるから。キングオブコント決勝まで行ってるんだもんな。

和賀　でも、西堀さんに言われてハッとしたことがあって。「今後コンビ組むとしても、ライバルがトップリードになっちゃうんだよな」って言われたことがありましたよね。

西堀　やっぱり、成功体験があるから、その輝かしい体験があると、どうしても頭の中にあるだろうからね。ライバルが、「一番良かったころの自分」っていうのは、厳しいものがあるよ。

和賀　そうですよね……。

西堀　それって、結構自分で自分が敵みたいなところもあってさ。たぶん多くの人が、「キングオブコントで決勝行った、トップリードの和賀さん」っていう目では見てないことも多いはずなんだよ、今は。でも、自分ではそう思っちゃうじゃない。

和賀　そうですね……。今、ＹｏｕＴｕｂｅとかで見られてるのは、そこじゃないんですもんね。ただなぁ、コンビ組んで、コントやりますってなったら、少なくともテレビの人とか、ネタ見せとかではそう見られる気がしちゃうんですよね。

西堀　しかもさっき話していたけど、根っこには「自分のせいじゃない」があるんだもんな。和賀はさ、いろいろあり過ぎて、「芸人でいる」が強い、そこで止まっているんだと思うんだよな。

生き方を変える可能性

西堀　今の生活だってさ、それこそ日給を使い果たす——みたいに、先のことを考えてないように思えるんだけど。

和賀　はい。それは認めます。

西堀　前に和賀が言ってたのが、「俺、別に明日死んでもいいんだ」って。意外と芸人だからって、そういう考え方の人は少ないんだよ。和賀のこと見てみんなが不安になるのは、まだ見ぬ部分を見て絶望しちゃっているからなのよ。結婚、子供、老後……ってあるわけじゃん。でも、当の和賀は「明日死んでもいい」っていう感覚なんだよな？

和賀　いやぁ、もう嫌なんですもん、長生きするの……。

西堀　すごいな、こんな調子で高齢化社会にもメスを入れようとしてるのか。

和賀　だって、現時点でもう、思い描いた人生とはかけ離れてるんですよ！

西堀　(笑)。そうか、思い描いていたビジョンからはずれちゃったんだよな。

和賀　だから、リセットボタン押したくなるんですよ。でも、そんなことはできないから……。

西堀　リセットボタンって言っても、死ぬとかじゃなくて、転職だったり、そういうのもあるわけじゃん？　でも、それだけはしたくないから、芸人で突き進もうってことでしょ？

和賀　そうです。

西堀　芸人だったら野垂れ死ぬのもかっこよし、みたいなのもある？

和賀　それもあるんですよね。死ぬとしても、「元・お笑い芸人の和賀」っていうより、「お笑い芸人の和賀」でニュースになりたい。

西堀　なんかちょっとロマンチストでもあるんだよな。芸人像がちゃんとあるというか。なんかこういうところも含めて、和賀と飲んでると、自分がみみっちく思えてくるんだよな（笑）。

和賀　まぁ、こんな状況でも芸人を続けていられる、生きていけてるのは、僕が独り身だからってのもあるかもしれないですね。奥さんとか、子供がいたら、こうはいかなかったでしょうし。

西堀　ちなみに、今は彼女はいないの？

和賀　いないっす。

西堀　何年いないの？

和賀　12～13年くらいですね。

西堀　そもそも、結婚願望ってあるの？

和賀　ないっすね。

西堀　好きな人ができたら変わるのかな？　でも、お前、異性は好きだろ？

和賀　そうですね、好きです、はい。

西堀　じゃあ、信じられないくらいの大恋愛で好きな人ができたとする。で、相手も和賀のことが好きだと。結婚してくださいってなった場合に、考え方は変わるのかな？　芸人至上主義がさ。だって、一人じゃなくなるわけだから。

和賀　実は、これは最近思ったことなんですけど、変わるかも……しれないっすね。

西堀　あら（笑）。

和賀　なんかもう、今まで芸人とは、みたいな話してきましたけど、そんなのをぶち壊すような大恋愛に飛び込んでみたいとさえ思うんです。

西堀　大恋愛（笑）……!?

和賀　だって、そこまでしないと、逆にもう、芸人辞めるふんぎりつかないんじゃないか、みたいに思うこともあるんですよ。
西堀　これさ、こういうのは言わないほうがいいのかもしれないけど、もしかしたら潜在意識では「この暮らしやめたい」って思ってるんじゃないのか？
和賀　実は最近ちょっと思ってるかもしれません。
西堀　おい！　思ってるのかよ、どうなってんだよ。
和賀　いやいや（笑）。そんな人生も考えちゃうなっていう。だって、コンビ続けてたら、もちろんなかったですよ。だって、結婚とかってなったら、生活費を入れるとか、働いたお金を全部渡すとか……よく分からないですけどね。
西堀　潜在意識の中にはどこかでこの生活を変えたいっていうのがあって、それができる唯一の手段が大恋愛って（笑）……少女漫画じゃないんだから！
和賀　でも、そうなのかもしれないですね（笑）。
西堀　あ、でも前あったよな！　バイトさせてもらっている土木の会社の社長に、越後湯沢の別荘に旅行に連れてってもらったことあったじゃん。
和賀　ありましたね。
西堀　でさ、みんなでバーベキューして、そのあと地元のラーメンショップに行ったら、すごいかわいい店員さんがいたんだよな。それで俺、和賀に言ったんだよ。「あの子かわいいな、もしあの子が芸人辞めて一緒にここで働いてほしい、働いてくれたら結婚するって言ったら、おまえどうする？」って。
そしたらおまえ「う～ん、結婚するかな」って（笑）。だからさ、もしかしたらどっかで〝恋の蜘蛛の糸〟を待ってるんじゃないのか？
和賀　たしかに、今はなんか見えちゃってるじゃないですか。色々あってここまで来て、これから先はこんな感じかなって……。だったらいっそ、すべてを壊すような、第二の人生を始められるような何かを待ってるのかもしれないっすね。
西堀　でもさ、特に自分では動かないもんね。

和賀　だって、基本は芸人でいたいんですもん。
西堀　いやさ、これ悪い意味じゃなくてね、和賀って、「サセ子」っぽいんだよな。断れないんだよな。飲みの誘いだったり遊びだったり、誘われて断ることないもんな。でも、その代わり自分からは誘わない。だからさ、俺コンビ解散した時にも「誰かの誘いを待ってるのかな」って思ったんだよ。誰かが「一緒にやらない？」って言ってくれるのをさ。
　でも、自分からは動かない。誘えないのかな？
和賀　当たっていますね。でもこれは子供の頃からずっとですね。
西堀　子供の頃からサセ子なの？
和賀　子供の頃からサセ子。サセ子の人生……。
西堀　何がサセ子の人生だよ、『嫌われ松子の一生』みたいに言いやがって。汚いおじさんのくせに！
なんか、そう考えると、和賀には「現実から目を逸らす力」に加えて、「サセ子」というか「流される力」も備わってる感じだよな。じゃあ、自分を変える何かを待ってる感じなのか。
和賀　そうですね。でも、人生を変えるほどの何かって、たぶん仕事ではないんじゃないかな……。
西堀　(笑)。そこはもう恋愛なんだ？
和賀　そうですねぇ。
西堀　なんで恋愛のすごさをしみじみ再認識してんだよ！　そんな本じゃねーぞ！
和賀　いやいや、たとえばの話ね！　人生観が変わるようなことっていう感じね。それで言うと、あの相方のニュースが出た時、「俺にだけ震災が起こった」って思ったんですよ。震災って、自分ではどうすることもできないけど、全員に降りかかるじゃないですか。町から人もいなくなるし、パニック状態は続くし、お笑いなんかできる状態じゃない。もうどんなに売れてても、面白くても、誰も活動できないじゃないですか。

西堀　そうだな。

和賀　でも、俺が解散した時って、町は変わらず動いているし、お笑いも通常運転。「俺だけに震災が起こった」って感じで……。だから俺、コロナの時って、「これはみんな一緒だね」「みんなライブできないね」って思っちゃったんです。みんな落ち込んでたと思うんですけど、俺は前に経験済みだから、意外と大丈夫だったんです。

西堀　いや、おまえの境遇考えたら分かるよ。そんな中で、まっとうに生きてると思うよ。

和賀　そうですかね？

西堀　いや、おまえまっとうだよ。しっかり働いて、自分の金で生活してさ。

和賀　（笑）。

西堀　でもさ、借金はあるんだっけ？

和賀　ありますね、ただ、消費者金融とかじゃなくて。知り合いに借りた金。

西堀　あ、そうなんだ。なんで消費者金融とかに走らなかったの？

和賀　消費者金融とか、無人のやつとか、使い方が分からなかったんですよね（笑）。

西堀　（笑）。でもさ、今聞いてて思ったのは、「明日死んでもいい」って思えるってことはさ、「明日芸人辞めてもいい」って思ってるのと、同義なのかな？　なんか、そんな感じがしちゃったんだよね。

和賀　う〜ん……。

西堀　芸人に限らず、明日があると思うから、人って進んでいけると思うんだよ。「こうなりたい！」とか、「こうしたい！」とかさ。それがないわけじゃない、明日終わってもいいってことは、和賀には。ある意味、完結しているというかさ。

和賀　いや！　でも芸人で終わりたいんですよ！　何としてでも。芸人失格っていう戦力外通告はされたくないんですよ！

西堀　でも、大恋愛があったら？

和賀　まぁ、それは話が変わってきますよね。

西堀　おい！　なんだよそれ！　ここまで話してきて、恋愛がすべてに勝るのかよ！

ガスなし、エアコンなし！　和賀の生活

西堀　じゃあさ、少し日々の生活についても聞いていくわ。

和賀　いいですよ。

西堀　日々のささやかな幸せ、プチ贅沢みたいなものってなんかあるか？　最初に話したローストビーフ丼とか？

和賀　あれは贅沢ではないですよね。

西堀　そっか。土木作業していて、あそこにあるなぁ、ローストビーフ丼か……うまそうだなぁって思って店に入っただけだもんな。コントの導入みたいにさ（笑）。

和賀　カランコロンってね（笑）。ローストビーフとかを我慢しないで食べるとかも、贅沢は贅沢なんだと思うんですけど、逆にみなさん「何が楽しみで生きてるんですか」って思う時ありますけどね……。

西堀　お！　逆質問だ！「君たちはどう生きるか」ってね。宮崎駿かよ！

　和賀の動画を見てる皆さんは「和賀は幸せそうだ」「自由でうらやましい」っていう感じに映ると思うんですけど、よく見ると、仕事終わりのサウナ行くまでの間って、実はあんまり笑ってないんですよ。ニコってするのは、やっぱりサウナ入ったあとに酒飲んでる時なんだよね。

和賀　そうですね（笑）。

西堀　じゃあ、日々の生活で、我慢とかしてないと思うけど、終わった後に「さすがに、やっちゃった」とか、後悔することってあるか？

和賀　………。

西堀　今日一番悩んでるじゃねぇか、ないんだろ！　役所広司さんみたいな渋い顔しやがって！「今回の作品のコンセプトは？」じゃないんだよ！

和賀　いやぁ、意図せず渋くなってしまって（笑）。でも、コンビニとかで、４０００円とか使っちゃうことがあって、それですかね。

西堀　え、何買ってんだよ？

和賀　いや、変なものは買ってないんですけどね。食べ物買って、たまに焼酎を瓶で買ったり、氷とか炭酸、あとはたばこ2箱くらい買ったりとか……。でも会計になってびっくりするんですよね。

西堀　いや、こいつはよくやるんだけど、土木飯の時とかもそうなんだけど、昼飯をスーパーとかに買いに行って、まぁ案の定、豪勢というか、かなりの額なわけよ。３～４０００円とか。で、その時にこいつがやるのが「やってしまいました……」みたいな顔ね。全然思ってないはずで、確信犯なのに、「ちょっと、すみません……」みたいな。社会通念としては良くないっていうのが分かってるから（笑）。一応ポーズで、みたいな（笑）。それで次の日も同じように買うんだもんな？

和賀　そうですねぇ。確かにあんまり覚えてないんですよね（笑）。

西堀　やっぱりポーズだけじゃねぇかよ（笑）。そういえばさ、和賀って、今ガスは通してなくて、家のシャワーが温水じゃないんだよな。だからサウナ付きの銭湯に行くんだろ。

和賀　そうですよ。

西堀　えらい当たり前みたいに返事するよな（笑）。それは不便だったりはしないの？

和賀　まぁ、家でお湯沸かして、水で薄めてシャワー代わりにしたり、夏は水でいいですからね。

西堀　昔の寮とか、下宿じゃないんだからさ（笑）。それって元からじゃないだろ？

和賀　一回、ガスが止まっちゃって。それはすぐに払ったんですけど、今度は給湯器が壊れちゃってたみたいで……。後で聞いたら、大家さんに言えば直してくれるってことだったんですけど、その時はそこに考えが至らなくて、その場しのぎで銭湯に行ったら、快適で……。「これでいいじゃん」っていう感じですね。そっからはもう、ずっとです。

西堀　でもさ、銭湯行って、サウナも入るんだろ？　すると1000円くらいするだろ？　それって1か月で3万近くするじゃないか。ガス代なんて余裕で払えるだろ？

和賀　でも、足伸ばして風呂に入れる気持ち良さ。これだったら金払ってもいいかなって。これが日々の生活の贅沢かもしれないですね。まぁでも、夏は水でいいんでね。

西堀　夏は水でいいって、フィリピンの刑務所とかの生活聞いてるみたいだよ。

和賀　でも、水風呂入るとエアコン代も節約できるんですよ。

西堀　エアコンはあるの？

和賀　ありますけど、使ってないですね。ちょっと故障気味で……。でも、扇風機はありますよ。

西堀　ちょっと待てよ！　扇風機の話はさておき、夏の土木作業後はどうしてるんだよ。

和賀　銭湯行きますけど。

西堀　銭湯行けなかったら？

和賀　水風呂ですね。

西堀　でも上がったって、暑いじゃないか。

和賀　水風呂なんで、ある程度は持ちますよ。

西堀　それでも限界はあるだろ。

和賀　だから、扇風機がありますって！

西堀　いや、扇風機をだいぶ信頼しているようだけど、東京の夏って暑いだろ？　熱中症も増えているみたいだし。エアコンの故障はずっとなのか？

和賀　これもかなり前からですね。大家さんに言えば直してくれるそうなんですけど……。

西堀　そうだよ！　給湯器もそうだけど、10年も住んでるんだから、それは貸す側の責任なんだから。ここまで読んでる人も「なぜ大家に言わない？」って思ってるぞ。

和賀　そうなんですよね……でもさっきも言った通り、壊れた時はそれを知らなくて。ガスがない生活を少し送ってみたら、「別になくても何とかなるじゃん」って……。

西堀　冷蔵庫はあるんだよな？

和賀　あります！　でも最近まで冷凍庫が壊れてて、クーラーボックスを冷凍庫代わりにして、氷を買って刺身と一緒に入れたりなんかして、それで晩酌したりしてました。まぁ一日で全部溶けますけど。

西堀　………。

和賀　ちょっと！　今日一番引いてるじゃないですか！

西堀　いや、やっぱフィリピンの刑務所だわ。でも、考え方変えたら、昔ながらの生活というか、エコなのかもしれないよな。

ただ、そこに行きつくまでの考え方が、ガサツというか、無精というか、行き当たりばったりの部分が大きい、だから省エネとかエコとかの感じがしないんだよな。

人生観を覆す「究極の質問」

西堀　じゃあ最後にさ、もし3億円が当たったらどうする？　これ聞いておこうか。芸人は続けるか？

和賀　それって、バレます？　周りに。

西堀　一番最初に気になるのそこなのかよ（笑）。まぁ、自分で言わない限りはバレないいってことでいいんじゃないか？

和賀　じゃあ当たっても芸人続けますね。バレてたら、3億当たった人のネタ見て笑えるのかなって思っちゃうから……。

西堀　いやいや、世間にはもちろんバレない話のつもりだったよ。でもさ、売れっ子はそれこそお金持ってる人が多いイメージをみんな持ってるから、あんまり気にならないんじゃないか？

和賀　いや、売れっ子の人のは報酬ですから。持っていていいし、笑えるんですよ。僕の場合は急にもらったお金でしょう？　それは絶対に気になっちゃうと思うんですよね。

西堀　じゃあバレたら、辞めちゃうのか。

和賀　いや、できればバレても続けたいですよ。そこは変わりませんよ。

西堀　大金が入っても芸人は続けるってことね。

和賀　はい。

西堀　じゃあさ、俗っぽく「これに使おう」とか、そういう妄想はないのか？

和賀　まずは引っ越しですかね。とはいえ、タワマンには住みませんけどね。

西堀　お前には「関係ねぇ建物」だもんな（笑）。そこは3億もらっても変わらないのか。

和賀　変わりませんね。あとは、とりあえず旅に行きたいですね。行ったことのない場所に。まずは日本で……。

西堀　意外な答えが返ってきたなぁ。世界一周とかでもないんだな。

和賀　そうですねぇ、今一人で行く前提で考えているので、「モン・サン・ミッシェル見たい！」と思っても一人じゃ怖いなって思っちゃって。

西堀　普通は金持ってたら、コーディネーターとかつけるんじゃないか？　通訳とか。

和賀　そっか！　もうそういう発想がないんですもん。現実味なさすぎて。

西堀　でもさ、金持ったらそれはそれでやることないんじゃないか、酒飲みまくって死んじゃうんじゃないかな、和賀は。

和賀　いやいや。あとは四国とか行ってみたいですよ。お遍路さんとか回ってみたいですね。

西堀　なんか意外な一面だなぁ。それこそさ、日給もらって使い切る時みたいに、3億円もパーっと使う！　とかはないのか？

和賀　ないない！　それはマジでないです！　もっと言うと、3億円が手に入るんだったら、「明日死んでもいい」とはならないっすよ。

西堀　え……？　そうなの？

和賀　それはそうでしょう！　金ですよ、金がないから明日死んでもいい、なんですよ。

西堀　ちょっと待てよ！　雲行き怪しくなってきたな。おまえのストロングポイントは、金に左右されない、精神的な豊かさだと思ってずっと話を聞いてきたのに！

和賀　いやいや、金があれば、精神的に豊かにもなるでしょう。

西堀　いや、微妙に違うと思ってたんだけどな。

和賀　だって3億ですよ！

西堀　まぁ、そう言われたらそうなんだけどさ……。それだったらエリートサラリーマンは金があるじゃないか。それとは違うのか？

和賀　違いますよ！

西堀　苦労して得た金と、降って湧いた金の違いってことね。ただ、それでも降って湧いた金だから、おまえは執着せずに浪費すると思ってたわ。

和賀　さすがにそれはないですよ！　金があれば、好きなところに行けるし、何でもできるじゃないですか……。

西堀　それって、使い切るまでは死ねない！　みたいなこと？

和賀　いや、それとは違いますね。

西堀　じゃあさ、今は日給1万円を使い果たして、明日死んでもいいと思ってるわけだろ？　で、それは1万円だとどこにも行けないから、焼け石に水だと思って使ってるってこと？

和賀　そうですね。

西堀　おまえ、どこかに行きたいだけの男じゃねぇか！　これだけ話して、その正体は、「恋したい＆旅行に行きたい」現実逃避の中年じゃないか！

いや、なんかさ、1万円もらって、それを使いきる、宵越しの金は持たねぇみたいな、さっぱりしたライフスタイルが和賀のかっこよさだと思ってたんだよ、こっちとしては。

和賀　3億円は話が違うよ！

西堀　じゃあ、日給1万円じゃなくて2万円だったらどうするの？

和賀　う〜ん……。

西堀　何考え込んでるんだよ！　1万円だったら芸人らしくその日暮らしの生活、2万円だったらグラつくってことかよ！

和賀　いや、それは違いますよ！

西堀　でもさ、3万だったら？　日給3万円だったら明日が待ち遠しい？

和賀　それは、待ち遠しい……。

西堀　1万円だから、どうせ残んねぇし使っちまおう、明日死んでもいいや！　ってことか？　それが3万円になった途端、少し貯金したり、旅に行きたいな〜みたいな考え方になるってことか？

和賀　そう、ですね……。

西堀　3万円あったら、問題から目を逸らさずに考えるようになるってことね。じゃあ、3万だったら、嫌な奴と毎日顔合わせても我慢できるよね？

和賀　いやぁ……やっぱりそこは嫌なんです！

西堀　そっか、今金の話してるからあれだけど、和賀が一番重点を置いているのはそこだったもんな。

我慢して3万円と我慢しないで1万円……今日一番議論が白熱した問いだよ。

和賀　我慢する3万円がたまにならいいですよ。でも、我慢するのがずっと続くのは無理ですね。

西堀　そこはブレてないってことか。でも、日給3万円って提示した瞬間は結構ぐらついてたよな。和賀レベルでも1日3万円は魅力ってことか。

和賀　だって賃金が上がるんだから、ある程度は我慢しなければならないでしょうよ！

西堀　おまえ、急に社畜の考え方じゃないか！　無頼派だろ！　無頼派であってくれよ！

3万円がちらついた瞬間、急に明日のこととか、老後とか未来のことを考えてるじゃないか！

和賀　やり口が汚いですよ。3億円だったもん！　最初は！　3億だったらかなり先だけど、3万だったら明日くらい、小さな光が見えちゃうんですよ！

西堀　なんだおまえ、急に3万、3万って！

和賀　3万円って言い出したのそっちでしょうが！

西堀　(笑)。1万円だったら、残らないから使っちゃう。3万円だったら、残るから気持ちが明日に向く。その間の2万円は態度保留ってことか。でもさ、1万円でも、使う額を半分にすれば貯金ができて、旅行にだって行けるぞ。それはどうなんだ？

和賀　こんなことは言いたくなかったけど、言いますよ！　その5000円を使わせるのが、あなたのYouTubeでしょうが！

西堀　それはごめん！

和賀　確かに、ちょっと金の感覚が分かってなかったのはあるかもしれませんけど……。

西堀　やっぱ持ってる額がすべてだよな。2万円あれば2万円使うんだよ。思い出した！　お前に動画の収益だよって2万円渡した時は、居酒屋で飲んだあとに、「牡蠣が食いてぇ」って言って、牡蠣食いに行ったじゃないか！

和賀　それは……気が大きくなってしまうんでしょうね……。

西堀　やっぱ、1万円だと使い切るし、現実に起きている問題は見えないし、見ない。2万円だと、現実に起きている問題の輪郭はぼんやり見えるけど、まだやっぱり「目を逸らす力」が働いているから見えない。それが3万円になると、はっきり問題が見えてしまうっていうことだな。

和賀　1万円は消えちゃいますから。

西堀　じゃあ1万円生活なら明日死んでもいいのね。2万円だと？

和賀　明後日じゃないですか？

西堀　（笑）。そこは単純計算なんだな。3万円は？

和賀　それは考えますね……。

西堀　そこなんだな、おまえの線引きは（笑）。いやー、いろいろ話聞いてきたけど、結論が出たよ。お前は「3万円の男」なんだな（笑）。

和賀　なんだそのパパ活女子みたいな言い分。それより、俺が金を使い切って明日死ぬ男だと思われていたのが心外ですよ！

西堀　だって、動画を見た人も思ってるはずだぞ。和賀はいくら持っていても、今を懸命に生きて、パーっと使って、花火のように散る。そんな男だと思っていたわけよ。

和賀　だって1万円はすぐなくなるんだもん！

西堀　それだよ！　その考え方！　おまえ、普通の人だろ！　とんでもない無頼派を呼んだつもりだったのに！

和賀　勝手にそっちがそう思ってただけでしょう！

西堀　途中までは無頼派だったのに！　恋のくだりからおかしくなったぞ！　おまえは無頼派じゃない！　旅に行きたいだけの普通の中年だ！

和賀　勝手にそっちがイメージ膨らませたんでしょう！　なんで俺が怒られなきゃいけないんだよ！

西堀　いや、でも考えてみたら、そんな普通の感覚の人間なのに、ローストビーフ丼は食うんだよな。やっぱり変な男だよ！　よし、帰ろう！

和賀　「芸人至上主義」――
これは間違いないと思います。
西堀　とんでもない
偏見野郎だな（笑）。

「いつ来るか分からないバスを待ち続ける男

File 02 ——松崎克俊

File.02

松崎克俊

（まつざき・かつとし）1983年生まれ、福岡県出身。芸人を目指して上京後、東京アナウンス学院時代に『やさしい雨』を結成。NHK『新人演芸大賞』本選出場や『ぐるナイ』（日本テレビ系）の「おもしろ荘」などに出演し、ブレイクの兆しをつかむも、2020年にコンビを解散。その後はピン芸人として活動しつつ、趣味のサブカル系の知識や熱量を生かした仕事に邁進。その一方で、私生活では借金を常にしていることから「太田プロの借金王子」の異名を持つ。

松崎の家計簿

1か月の収入	20万円 （芸人としての収入15万円／その他収入5万円）
家賃	58,000円
光熱費（ガス・水道・電気）	7,000円
通信費（スマホ・自宅Wi-fi）	0円（親が支払っているため）
食費（外食・飲み代含む）	60,000円
遊興費	1〜3万円 内訳）アイドルマスターの課金、グッズ・ライブ配信、その他
その他支出	40,000円（借金の返済）、10,000円（医療費・整体）

収入：20万円	支出：20.5万円	計：−5,000円

松崎に聞きたい8つのこと

❶ 現在の貯金額は?……20万円

❷ これまでの芸人としての最高月収は?……30万円（21年12月）

❸ 芸人デビューして以降のバイト遍歴……居酒屋店員、コンビニ店員、派遣アルバイト、カラオケ店員

❹ これまでの人生で一番大きな買い物は?……デスクトップPC（約10万円）

❺ あなたにとってのプチ贅沢、ささやかな幸せは?……誰かにおごられた時&おごった時、秋葉原から帰宅する際に普段より50円高いルートを使って早く帰る時

❻ 金がなくてもこれだけはやめられない?……漫画・アニメ・ゲーム、好きなものを食べること

❼ 月に幾ら収入があればよい?……30万円

❽ こうすれば金が貯まる? どうする?……とにかくケチになる! しっかりとした副業を始める。

物件情報

家賃：58,000円

都内築35年マンションの2階、フローリング、ユニットバス

実録!! 松崎の給料日「アキバ飯」

「西堀ウォーカーチャンネル」の人気シリーズ『太田プロの借金王子こと松崎』。給料日に密着する動画だが、朝まず向かうのは秋葉原のATM。借金返済を終え「今月は自由!」と語る松崎。街を歩きおいしそうな匂いにつられると、計1,100円分の牛串を手に戻ってきた。「給料日はダメよ、お金あるんだもん」。金があるから、使う。至極単純な欲望の開放だ。

「好きなんすよねぇ」申し訳なさそうな顔をして牛串をほおばる

これは借金している人みんなが考えることだと思うんですけど、
「借金の限度額＝自分の貯金」という感覚なんですよ。

——松崎克俊

太田プロの「借金王子」

西堀　今回来てもらったのは、我が「西堀ウォーカーチャンネル」で和賀と2トップを組む「借金王子」松崎です！
松崎　王子って、ただ借金してるだけですけどね。
西堀　じゃあさ、そこらへんお金の話はあとで聞くとして、改めてさ、松崎って今何年目だっけ？
松崎　今は芸歴20年目で、コンビとしては17年活動してましたね。
西堀　『やさしい雨』っていうコンビで、コントしてたんだよな。じゃあ、ピンになって3年か。
松崎　そうですね。
西堀　じゃあさ、17年やってて、解散したんだよね。それはかなり大きなターニングポイントだよな。
松崎　今思うと、そうだなって思いますね。
西堀　コンビ時代の主なタイトルは？
松崎　そうですね……ＮＨＫ新人演芸大賞で決勝進出したくらいですかね。
西堀　おぉ！　ファイナリストだ。それって何年目の出来事？
松崎　え〜っと、何年目でしたかね……確か、２０１１年か12年だったと思います。
西堀　ＮＨＫで全国放送でテレビで流れたんだ。
松崎　そうですね、ただ収録したのは大阪で、本当にひと笑いもなく終わりましたけどね（笑）。
西堀　決勝でスベったのね（笑）。そう考えると、コンビ時代もけっこう苦労してたんだな？
松崎　そうですね、テレビとかポンっと出れたりはしたんですけどね……。
西堀　そうだよな！
松崎　それこそ、『ぐるナイ』（日本テレビ系）のおもしろ荘のコーナーとかも出たんですけどね……ただ、その後は何事もなく……。

西堀　あのコンビ「おもしろそう」だけで終わったんだな、まさしく（笑）。

松崎　何言ってんですか！　まぁ、テレビは他も同じような感じでしたね。

西堀　一応改めてになるけど、解散っていうのは、どういう流れだったの？

松崎　なんか、解散の前から相方のモチベーションが下がってたみたいで。相方からしたら、それを暗にアピールしてたみたいなんですけど。で、ある日ネタを考えに喫茶店に集合した時に「もう気づいてると思うけど……」って解散を切り出されて。

西堀　気づいてなかったんだ。

松崎　そうですね（笑）。「お、おぅ……」みたいな。でもその当時、僕自身も「このままでいいのか？」みたいに、少し後ろ向きな感じの時期で、相方には「いや、頑張ろうよ！」って言えたらよかったんですけど、それが言えなくて……。

西堀　まぁそういうタイミングってあるもんな。

松崎　なので、そのまま「分かった」って。でも、相方が「最後に単独ライブをしたい」って言うんですよ。その結果によっては、モチベーション上がって解散しないかも、みたいな。でも、「それってどういう気持ちでいればいいんだよ」って複雑で（笑）。

西堀　振り回すし、振り回されてるねぇ。

松崎　解散後のピンのことを考え始めればいいのか、まだコンビにかけていいのか、マジで分からなくて。

西堀　なんか、別れる前のカップルが「最後に旅行行こう」みたいな（笑）。そうなると、モチベーション維持するの難しいよな。

松崎　しかも新ネタでやろうって言ってるし。

西堀　じゃあ、それはOKしたんだ。

松崎　そうなんです、「最後のわがままだから」みたいに言われて。そこを突っぱねることはできなかったので、「分かった」という感じで。

西堀　それはいつなの？
松崎　2019年の夏に言われて、単独ライブは2020年の予定で。でもコロナ禍になっちゃって。そこで相方が、「これは、もう辞めろっていうこと なんだな」っていうふうに悟っちゃって（笑）。そうなると、もう単独の出来云々でコンビ存続はなくなって、解散のほうに決意が固まっちゃって。
西堀　でも単独はやったんだろ？
松崎　無観客の配信ライブでした。
西堀　ライブ終わりに気持ちの確認とかしなかったのか。
松崎　最後に会ったのが、そのライブの売り上げを渡した時だけなので、そこではその話はしなかったですね。相方は一度決めたことは変えないタイプなんで、そこは無駄だなと。
西堀　じゃあさ、松崎自身は解散する時の思いとしては、どうなの？　解散したくなかった？
松崎　う～ん……。そこすごい難しくて。おそらく解散してなかったら今もネタやってるでしょうし、自分はピンの仕事をしていたとしても「俺には帰る場所がある」じゃないですけど、ピンでダメでも2人のお笑いはある、みたいな。『やさしい雨』という屋号は残しておきたかったという思いはありました。
西堀　でも、お願いして続けてもらうのも、なんか違うよな。
松崎　そうなんですよね、そこまで決めた相手を引き留めて、俺に何ができるのか？　って思っちゃって。相方は「モチベーションがなくなったから〝辞める〟」って言ったんですよ。他の相方とやりたいとかじゃなくて、辞めるだったんで。
西堀　あと、そこまで考えてる相手を引き留めたら、こっちが引っ張って、何とかしなきゃみたいな責任も生まれるもんな。芸人って難しいよな。
松崎　コンビ続けても、何を頑張っていいのか……。

西堀　一番分かりやすいのが、ネタなんだよな。だって大会があるから。これはコンビとかの話だけじゃなくてさ、松崎が「バラエティに出たい！」って思っても、そのための努力の方法なんて分からないもんな。だから、バラエティ出たい人もネタを頑張るんだよ。

ただ、ネタの完成度が上がってもバラエティに出られるか分からないじゃん、性質が違うから。そこは、ちょっと変なんだよな〜。

松崎は、そもそもなんで芸人になったの？

松崎　僕はもともと、「何でもいいからテレビに出たい！」っていう思いがあって。それで、進路とか考える高校生の時期に、じゃあ、どんなテレビ番組に出るんだって考えた時に、一番好きなのはバラエティだなって……それでお笑い目指したんですよね。

西堀　あるあるだな（笑）。

松崎　でも、地元が田舎で、ライブとかでネタを見る環境なんてないから、お笑い＝バラエティみたいなイメージだったんです。具体的に芸人になろうって考えた時に初めて、どうやらコントか、漫才か、何かしらネタを作らなきゃいけないみたいだって気がつきました（笑）。要は、もともとは「バラエティに出たい！」だけだったんです。

西堀　じゃあさ、その子供の頃に憧れとか、そういう対象は？

松崎　もちろんダウンタウンさんとかもそうですし、僕は友達がいなかったんで、「芸人やるにしてもピンだ」って思ってて。それで言うと、伊集院光さんなんですよ。

西堀　へぇ！　そうなんだ。

松崎　それこそ、伊集院さんはサブカル系とかも強くて。憧れてましたねぇ。それで、高校卒業して東京に出てきて、東京アナウンス学院に入って、主催するライブにピンで出てみたら、真っ白になっちゃって。「これはダメだ」って、すぐに相方探して。

西堀　「誰か拾ってください」ってなもんだな（笑）。

松崎　それで、コンビで活動するようになったたって感じですね。

西堀　解散した相方に対しては、どういう感情？

松崎　全然嫌いじゃないんですけど、なんか連絡はとってないんですよね。

西堀　コンビ時代は仲いいコンビだったたじゃない。なんで連絡してないの？

松崎　なんでなんですかね、なんか嫌なんですよね。だから連絡とってないし、会わない。

西堀　それってさ、たとえば、松崎がピンでバンッて売れた場合は？

松崎　全然苦もなく会えると思いますね（笑）。

西堀　じゃあやっぱり、今の境遇に対するわだかまりみたいなものがあるんだ。

松崎　たぶん、自分がまだあの時のことを過去のものにできてないんですよね。コンビ時代を。

西堀　やっぱり、コンビがどんな終わり方でも、解散しようって言いだしたほうではなく、残ったほうには、何か心残りみたいのがあるんだろうな。

松崎　相方に「芸人時代には執着ない」みたいな態度は見せてほしくないんですよ。ずっと芸人に執着していてほしい……。

西堀　なんか、恋愛みたいだな。振られた側の呪いみたいな。でも、それくらい濃密なんだよな、コンビって。同じ時に緊張して、笑って、悲しんで……。

松崎　だから、伝わらないかもしれませんが嫌いじゃないけど不幸にはなってほしいんです。

西堀　いや、俺は分かるよ、分かるけど！　これって理解はされにくい感情なんだろうな。こっちは辞めてないのに、辞めた奴が幸せになるのはモヤっとするんだよな。

松崎　そうですね。

西堀　それで言うと、「芸人至上主義」もあるよな。和賀もそうだったんだけど、芸人が一番面白いし、こんな仕事を続けているだけで偉いっていうかさ。辞めた奴は「レースから降りた」みたいなさ。ちょっと下に見ちゃうというか。

松崎　リスペクトはなくなりますね。

西堀　それこそ、リスペクトがあれば、辞めたって仲良くできるよな。

松崎　そうですね。仲の良い「元芸人」もいますし、そこはリスペクトがあるからでしょうね。

西堀　元相方じゃなければ普通に接することができるかもしれないよな？

松崎　そうですね。僕の場合は、相方が区切りをつけようとして、解散切り出されて放り出されて……それでそっちだけ今笑顔っていうのは……。

西堀　すごいよな、笑顔が許せないんだもん（笑）。本当に恋愛みたいだな。

松崎　さっきから恋愛って言いますけど、僕は恋愛経験ないんでちょっと分かんないっす（笑）。

西堀　あ、そうだった（笑）。

「借金王子」のお金事情

西堀　話を戻すよ。初めて借金したのはどんなきっかけ？　どんな感じだったの？

松崎　最初はバイトを辞めて、次の給料が入るまでのつなぎみたいな感じで借金しましたね。生活を切り詰めて無理するよりは、ちゃんと金が入った時に返せばいいや、と思って。それが始まりですね。

西堀　なるほどなぁ。

松崎　そのあと、コミケに行って2次元のグッズとか爆買いしちゃって、生活費が……って時に、「あそこ（消費者金融）に、まだ貯金あるじゃん」って思っちゃって……。

西堀　借金をもう貯金って言ってるもんな（笑）。

松崎　これは借金している人みんなが考えることだと思うんですけど、「借金の限度額＝自分の貯金」という感覚なんですよ。これは本当にみんな思っているはずですよ。

西堀　なるほどな（笑）。確かに、お願いすれば貸してくれるんだもんな。借金している芸人は、そんな感情なんだろうね。でもさ、一般の人は「借金なんか早くゼロにしたほうがいい」「余裕ある月は一気に返すべき」って思うんじゃないか？

松崎　でも、芸人やってると、「借金は売れた時に一気に返すもの」って思っちゃうんですよね。

西堀　出世払いね（笑）。あぁ、でもそれは分かるかも。松崎を擁護するわけじゃないけど、周りにいるんだもんな、実際。一気に返してる人がさ。

松崎　そうなんです！　最近でもヒコロヒーとか、最初は借金芸人だったのに、一気に返済したんですもん。

西堀　そうだよなぁ。

松崎　でも、けっこう努力はしているんですよ。3社から借りているのを2社にしようとか。

西堀　そこは堅実なんだな。いや、借金してるのに堅実って何だって話だけど（笑）。でもだんだんお前らの話聞いてると麻痺してくるんだよ。

松崎　そんな流れがあって、1万から2万……ってどんどん膨らんでいってって感じですね。

西堀　そこらへんはもう『闇金ウシジマくん』みたいだな（笑）。でもさ、さっきの話でも俺らには売れて一撃で返済があるだろ？　まぁ、全員にあるわけじゃないけど（笑）。

松崎　そうですね（笑）。でも信じてるんで、ワンチャンあるって。

西堀　それに加えて、一撃がなくても何とかなってるんだもんな？　食べてはいけてる。それもちょっと、今の生活に安心しちゃう理由だよな。

松崎　そうですね、何とかなっちゃってます。
西堀　いや、借金してるんだから、何とかなってはいないんだけどな！　麻痺してくるよな、考え方が。それこそさ、ぶっちゃけ、今平均して、太田プロから月にいくらもらってんのよ？
松崎　そうですねぇ……。15万円くらいですかね。
西堀　……え？　お前、かなりもらってるな？　どうやって稼いでるんだよ!?　太田プロで事務のバイトとかしてないよな？
松崎　いやいやいや（笑）。ちゃんと芸能の仕事ですよ！　でも、いろいろとライター業とか、裏方とか、そんな感じですね。
西堀　そうか、お前はオタク系というか、サブカル系の仕事があるんだっけ。でもあれだな、月収15万って聞いて、「え？　そんなにたくさん」っていうのも失礼だったな（笑）。
松崎　そうですよ（笑）。
西堀　お前もえらく照れくさそうに言ってたけど、普通に考えたらそこまで驚くような額じゃないもんな（笑）。じゃあさ、今ってそれくらい稼いでて、ストレスはあるのか？
松崎　それは本当にないですね！
西堀　楽しそうだな！　和賀といい、なんかお前ら楽しそうでうらやましいよ！
松崎　（笑）。
西堀　じゃあ、ストレスなく、今はお笑いよりはアニメ系なんだ？
松崎　はい。
西堀　具体的にはどんな仕事よ？
松崎　アニメの制作会社さんとかが、ネット配信とかすることが多いんですよね。そのネット配信の制作に携わってる感じですね。企画とか。
西堀　すげぇな、プランナーじゃん！
松崎　めちゃくちゃいいように言ってくれますね

（笑）。

西堀　でもさ、そういった強みというか、特定のジャンルに特化してると強いんだな。

松崎　そうですね、オススメマンガの紹介コラムとか……。

西堀　その時ってさ、肩書は何になるの？

松崎　一応、芸人です。でも、実はコンビ解散した時に一度芸人の肩書外そうとしたことあるんですよ。

西堀　え？　そうなの？

松崎　はい、でも、じゃあ何ていう肩書にしようか、って考えたときに、それこそ声優さんのイベントの司会とかしてたから「ＭＣ」かな？　いや、それとも「タレント」？……そんな風に考えた時に、芸人って、どんな仕事にも通用するなって思って。一番芸人という肩書が得かなって（笑）。

西堀　確かにな。なんでも含んでる感じがするよな。司会やったっていいし……。

松崎　発明家とかも（笑）。

西堀　俺をイジってんじゃねーよ（笑）。まぁ、とりあえず今の松崎に関しては、お笑いへの情熱は感じられないけどな（笑）。

松崎　確かに。ネタとかは全然作ってないですね。

西堀　でもさ、芸人だとそこを大事にする人って多いじゃない？

松崎　でも、芸人ってネタをしないといけないのか、って考えると本当にそうなのかなって。

西堀　おぉ、提起するねぇ。でも和賀なんかは芸人でいるためにはネタを作ることが必要だって言ってたぞ。

松崎　でも、それが逃げなんじゃないかって。そのネタって何のためにしているのか……って考えちゃって。ネタ作ってりゃいいんだって自己満足じゃないのかなって。

西堀　もうネタをやるのも嫌なの？

松崎　いや！　ネタを「やる」のは好きですよ！
西堀　じゃああれか、ネタを「作る」のが……？
松崎　あまり得意じゃなくて……。
西堀　もともとは相方が作ってたんだもんな。
松崎　そうですね。
西堀　じゃあ、誰かがネタ作ってきたら？
松崎　それはもう！　全然やりますよ！
西堀　なんか、松崎も和賀同様、受け身だよな。「待ち」の姿勢だよな？
松崎　そうですね。
西堀　さっきもこの対談の前に少し話たら、「何かしなきゃいけない」って松崎が呟いててさ。
松崎　そうですね。
西堀　でも。それが何かは具体的には？
松崎　決まってない。
西堀　（笑）。何かしなきゃっていう思いだけがあって、何をするか、何をすべきかは分かってない。何かが転がってくるかなっていう感じ？
松崎　そう（笑）。何か来るはずだっていう感じで、いつかは売れるはずだって……。
西堀　（笑）。アルバイトはしてるのか？
松崎　してますよ、カラオケ屋さんで。
西堀　どれくらい？
松崎　週に1回とか……。
西堀　週に1回!? お前それは優雅だな。働かない系男子だな、お前。たしか、めんどくさいのが嫌なんだよな（笑）？
松崎　そうですね（笑）。それこそ、働くのが嫌すぎて、そんな思いしてまで働くなら借金したほうがいいなって（笑）。
西堀　とんでもない名言が出たな（笑）。
松崎　その時なんかは、月1とかでしたよ、バイトの頻度。
西堀　でもさ、借金は……。

松崎　１００万円くらいですね。
西堀　でも、借りれるんだよな。そんな生活でも。
松崎　そうですね、返してるんで（笑）。
西堀　あれだもんな、動画でも映してるけど、給料日にはしっかり返済してるもんな。秋葉原のアトレのＡＴＭとかで（笑）。
松崎　はい（笑）。
西堀　でもさ、動画の収益とか渡すと、本当に降って湧いた金みたいな感じで使っちゃうよな。これも動画で撮ったけど、１本１１００円の牛串とかな。ああいうのは、迷ったりしないの？
松崎　好きなんですよね……。
西堀　借金している奴が5秒で１１００円の牛串たいらげるって、なんか変だぞ（笑）。
松崎　そもそも、動画で撮影してもらいましたけど、給料日に秋葉原に行くってことは金を使うってことなんですよ。
西堀　でも、１０００円あったら結構腹いっぱいになれるぜ？
松崎　あれは腹を膨らませるための飯じゃないんで。
西堀　何かっこよく言ってんだよ！　でも、うらやましいんだよなぁ。それで言うと名言があるよな？
松崎　あれですか？「僕はおごるのもおごられるのも好き」ってやつですか？
西堀　そう（笑）。好きなんだよなぁ、その考え方。だって酒買おうってコンビニに行ったら、俺の分の酒も買ってくれるんだぜ？
松崎　いや、それはもうお世話になってる先輩ですから、コンビニの酒くらいはね？
西堀　じゃあさ、月の収入の内訳は？
松崎　バイトが5万円くらいで、芸人として、事務所通してもらうのが15万くらいですね。イメージはバイトで家賃分を払う感じかな……。
西堀　じゃあさ、20万あれば十分っていう感じ？

松崎　20万円あれば生きていけて、理想は月に30万円って感じですね。

西堀　30万欲しいけど、したい仕事しかしたくない？

松崎　そうですね。

西堀　でもそれって、結構な額だぜ？　しかもそれで好きな仕事だけだろ？

松崎　もちろんそれは理想というか、夢というか。現実的に難しいのは分かっているんですけど……。

西堀　そうだよね、単純に今の倍だもんね。じゃあさ、ちょっと我慢しての30万と、我慢はしないけど20万だったら？

松崎　我慢っていうのはバイトですか？

西堀　そうね。

松崎　じゃあ嫌ですね。

西堀　即答だね（笑）。じゃあ芸人と、サブカル系の仕事だけしたいのな。

松崎　そうです！

西堀　好き嫌いがはっきりしてるよな。あとさ、事前のアンケートでは貯金額が20万円ってあったんだけど、それは最低残しておく金額なの？

松崎　いや、たまたま聞かれたタイミングにあっただけで、０とかもありますよ。

西堀　でも、今20万円あるなら、その分借金を返せばいいじゃんって思っちゃうんだけど。

松崎　これって、実は父親が亡くなって入ってきたお金で……。それを借金返済に使っちゃうと、いざ借金がなくなっても、貯金がないからすぐに借りてしまうんじゃないか、っていうことも考えちゃって。

西堀　なるほどな。

松崎　今一応、少しずつですけど借金減らすフェーズに入っているんで、そこを少し考えちゃって。

西堀　今までは貯金もなかったから気にしなかったことが気になっちゃうんだ。

松崎　守るものができたというか……。
西堀　え？　彼女できたの？
松崎　いや、貯金という守るべきものが。
西堀　いや、彼女とか子供に使う言葉だろ！　でも、この20万円は守りたいんだ？
松崎　でも、だんだん減っていくんだろうな、っていう予感はあります。
西堀　じゃあさ、今ある借金はいつ頃、完済のメドが立っているの？
松崎　それはかなりの長期返済計画で……。今は、少しだけ多めに返してる感じですね。
西堀　だから、いつ頃までのイメージなの？
松崎　45歳までに0にっていう感じですかね……。
西堀　5年後かよ！　なかなかの長期計画だな。
松崎　さっき話に出た「売れて一撃」みたいなものもあるかもしれないですし。
西堀　まあ、芸人ってそういうもんだよな（笑）。でも、返済するためにバイト増やしたりとかは考えてないよな？
松崎　そうですね、そうしたらその分使っちゃう自信があります。
西堀　（笑）。そうだよな。使っちゃうんだもんな。じゃあ会社員とかが週5で働いてるのとか、松崎は考えられないよな。
松崎　そうですね、なんかおかしい話なんですけど、夜勤のバイトして帰る時、逆方向だからすごい混んでるんですよ。向こうの電車は。でも僕は座れるという優越感というか。
西堀　ちょっと分かるけど、でもみんなが寝てる時に働いてるわけだろ？
松崎　そうですね、それはそうです（笑）。電車にフラフラで乗ってます。
西堀　で、帰って、晩酌とかして寝るわけだ？
松崎　そうですね、コンビニで飯買って、ちょっと飲んで、ゲームして寝るっていう。

西堀　ずっと話してても、闇が見えないんだよな、普通は闇に見えるところも、松崎とかはそう思っていないって言うか。まばゆいばかりに毎日が楽しそうだよ！　痛々しく前を向いていないのもいいね。

松崎　なんか複雑ですよ（笑）。

貧乏なのにプチ贅沢のオンパレード

西堀　じゃあさ、最近のお金の使い方に書いてある「整体」って何？

松崎　いや、なんか、1年半くらい前に右腕が痺れることがあって……。

西堀　それは怖いね。

松崎　痺れって怖いじゃないですか。しかもちょうどその時、コロナの在宅ワークでコラムとかのライター業を詰め込んでて、全身ちょっと痛いなっていうのがあって。病院行こうかなとも思ったんですけど、全身なんで、整体行こうかなって。

西堀　なるほどな。

松崎　で、腕の痺れは治ったんですけど、今も月に2回くらいは、整体に通ってるんですよ。

西堀　（笑）。いや、笑ってごめんね、贅沢じゃない？

松崎　え？

西堀　だって、痺れは治ってんだろ？　じゃあ今は腰とか、そういうところなわけだろ？

松崎　はい。

西堀　で、それは気持ちいい、と。

松崎　はい（笑）。

西堀　いや、贅沢だよ！　だってそこそこするだろ？

松崎　まぁ、1回3500円とか……。矯正とかも含めてですね。

西堀　ボディメイクは怠ってないんだな（笑）。

松崎　そもそも、その整体も、院長が元芸人なんですよ。そういうのもあって、よくしてもらってて。

西堀 でもさ、借金があるわけだろ？　それなのにあんまり生活を切り詰めていないように聞こえるんだよ。我慢してることとかあるのか？

松崎 それで言うと、一人で旅行とか……。

西堀 おいおい、マジかよ！　ちょうど和賀も同じこと言ってたぞ！

松崎 え、そうなんですか？

西堀 なんか共通項が見えてきたな（笑）。でもさ、それって、現実からの逃避だったりしない？　遠くに行きたいみたいなさ。

松崎 （笑）。いや、これが理解されるか分からないんですけど、僕はホテルが好きなんですよ。

西堀 なんだ、なんだ。なんか変なこと言いだしたな。贅沢の匂いがするぞ！

松崎 いやいや、それこそ、安く泊まれるビジネスホテルとかでもいいんですよ。たまに地方の仕事とかいただいて、ビジネスホテル泊まると、「いいなぁ」って。なんか、ここなら何してもいい！　何でもできる！　って思うんですよ。

西堀 それはさ、開放的な気分ってことか。

松崎 それこそ、旅行っていうわけじゃなくて、東京のホテルとかでも全然いいんですよ。でも、高いし、それこそ「もしお金があったら」っていう夢みたいなもんで。

西堀 整体行って、夢がホテル暮らしか。なんか女子が使う「ラグジュアリーパック」みたいだな（笑）。

松崎 そうですね（笑）。

西堀 でもさ、その夢をかなえるために仕事を増やしたくないんでしょ？

松崎 そうですね。それだったら、今の生活でいいかなって……。

西堀 じゃあ、そんな中でも通い続けてる整体ってのは、必要に感じてるんだ。

松崎　もちろんです！　もっと言うと、家でもできる機械みたいなやつも買ったんですよ。やっぱり体がきつくて……。

西堀　それは必要経費ってことか。

松崎　はい。

西堀　なんか、いい生活してる気がしてくるよ。

松崎　それこそ、お金があればジムにだって行きたいっていう気持ちはあるんですよ。

西堀　へぇ！　なんか、上昇志向が強い感じがするな。いい生活を求めているって感じ。

松崎　でも、今通ったとしても、すぐ行かなくなるかもなって思うし、だからこそ、今は行かないっていう選択になってますね。

西堀　仮に行かなくなっても心と財布が痛まない状況になるまでは、ジムには行けないなってことか（笑）。

松崎　そうですね。

西堀　じゃあ、次これ聞こうかな。「あなたのプチ贅沢は」？　でもさ、松崎はけっこう贅沢してる気がするんだよな。借金あるのに整体行ったり、牛串食ったり（笑）。自分的にはどう？

松崎　まぁ、そんな気はしますけど……。でも今そう聞かれて頭に浮かんだのは、家の近所にイタリア料理店があるんですけど、そこで一人でコースを食べたりするのがプチ贅沢かも。

西堀　お前、それは贅沢し過ぎじゃないか？　借金王子なのに。

松崎　いやいや、ちゃんと借金も返して、さらに本当に余裕がある時だけなんで！　月に1回とか、そんなペースですよ。

西堀　でもなじみのレストランで、コース。酒も？

松崎　ずっとビール飲んでますね。

西堀　いいねぇ。贅沢な暮らしだな。じゃあさ、これも聞きたいんだけど、オタクだからよく秋葉原行くと思うんだけど、50円高いルートで帰宅するっていうのが贅沢だってあるけど、それって詳しく聞くとどういう感じ？

松崎　自分が今、野方に住んでいて、行きは西武新宿駅まで行って、歩いてＪＲの総武線なんですよ。

西堀　西武新宿駅からＪＲまでは結構あって、５分くらい歩くもんな。

松崎　はい。で、帰りは荷物とかもあるんで、「タクシー使っちゃおうかな」とも思うんですけど……。それは毎回はできないから、秋葉原から中野に行って、そこからバスに乗ると、50円高いけど家に近いところに着くんですよ。それすると、贅沢したなぁって思うんですよ。

西堀　そこでしみじみ思うんだな（笑）。

松崎　足も疲れてるし……。

西堀　お前よく言うよな、「足が疲れてる」って（笑）。でも、それで言うと秋葉原で好きなもの買うときは値札見てないだろ？

松崎　そうですね、好きなんで。

西堀　そこは50円とか気にしないんだよな。あと買い物するの早いよね。

松崎　そうですね、買いたいものを決めて行ってるんで……。

西堀　漫画だろ。でも今は電子漫画とかあるけど、漫画とかは紙でほしいんだよな？

松崎　基本的にはそうですね。でも引っ越して、紙の漫画を処分して、電子で買い直してますね。

西堀　いい読者だね（笑）。じゃあさ、これも聞きたいんだけど、松崎はそういう趣味の出費と、あと食べるのも好きじゃん？　そこで天秤というか、「これ食ったらあの漫画買えないな」みたいな、計算はしないの？

松崎　そうですね……たぶん先のこと考えてないんでしょうね。夜勤のバイトして、朝には給料もらえるんですけど、その足で本屋さん行って買い過ぎて、気づいたらお金ない時ありますもん。

西堀　いやぁすごいね。今を生きてるんだな。でもさ、そうなると借金が増え過ぎない？　逆に節約している部分もあるの？

松崎　そこも計算してるわけじゃないんで、分からないんですけど。たぶん普通の人が使ってて僕が使ってないものとかもあると思うんですよね。それこそ服とか……。

西堀　優先順位がしっかりしてるんだな。他には？

松崎　それこそインテリアとか……。後は家電ですかね……。

西堀　洗濯機ないもんな。

松崎　あとはそれこそ旅行とか……。

西堀　いや、それは贅沢だから！　日用品とは別だから（笑）！　飯は我慢してないもんな。

松崎　そうですね。食いたいもんは食います。

西堀　なんか聞いてると、芸人の収入の15万円以上に使ってるような気がするんだよな（笑）。

松崎　逆にみなさんは何にお金使ってるんですかね。

西堀　逆質問だね。これ読んでる人も、何に金使っているか、一度考えてみてほしいよな。でも、松崎の動画見てくれた人はコメントで「うらやましい」ってみんな言うよな。

松崎　いやぁ、なんか変な気持ちですけどね。うらやましがられるっていうのは。

西堀　でも、もちろん見てる人のほうが金があってさ、松崎よりずっと上にいるはずなんだよ。でも憧れちゃうんだろうね。もちろん動画に映らないいつらい部分もあるはずなんだけど、今日話聞いてると、そこもそうでもないんだなって思っちゃうよ。

松崎の恋愛事情

西堀　あとあれだよな、松崎は嫁がいるんだよな。

松崎　そうですね、3人います。
西堀　これは俺とかは分かるけど、初めて聞く人もいるとびっくりしちゃうから、一応説明してもらっていい？　その相手は……。
松崎　一応アニメとかゲームのキャラなんですけど、1人目が『スクールランブル』の沢近愛理。
西堀　1人目っていうのは順位？
松崎　いや、結婚した順番ですね。優劣はないです。2人目は『つよきす』の椰子なごみで、3人目が『アイドルマスター』の三浦あずささんです。
西堀　それはこれからも増える可能性はあるの？
松崎　ん〜可能性はありますけど、10年以上変わらないんで。
西堀　あと、読者に説明しておいたほうがいいのが、松崎の根本的な「好き」の位置づけね。
松崎　あ、そうですね。一番好きなのが、2次元の女性で、続いて2次元の男性、3次元の男性、3次元の女性の順です。
西堀　そうなんだよな。結構ニュータイプというか。俺なんか3次元の女の子大好きだからさ（笑）。
松崎　まぁそこはいろいろとあって……。でも、2次元の女性で特に嫁にしてるのは一目ぼれとかが多いんですよ。
西堀　じゃあ、その嫁にはしっかりお金使ってるのか？
松崎　そうですね、誕生日は祝ったり。それこそ一緒に俺の実家に里帰りしたり。
西堀　じゃあさっき言ってた旅行も、奥さんと行きたいんだ。
松崎　そうですね！　それも楽しそうです。あ、でも、2次元の嫁の難しいところがあって……。
西堀　え？　なんだよ。
松崎　それは入籍できないことなんです。
西堀　そりゃそうだろう！

松崎　一度、3人目のあずささんとは、書類に諸々記入して、提出しようかと思ったことがあって。

西堀　恐るべき行動力だな……。

松崎　でも、その時に相方の知り合いで区役所に勤めている人がいて、この話しをしたらしいんですけど、「入籍は籍を移すことだから、籍が元々ないキャラを相手に入籍しようとすると、公文書偽装になる」って言われて（笑）。

西堀　愛を貫くか、罪を犯すか究極の選択だな（笑）。

松崎　たぶん、受理されないから罪になることもないんでしょうけど、そこで入籍は諦めたんです。

西堀　それなら、事実婚でいいやと（笑）。

松崎　ある意味そうですね。

西堀　そこも進んでるよな、お前は（笑）。

いつ来るか分からないバスを「待つ力」

西堀　でもさ、芸人のイメージって、貧乏していていつかは売れてやるっていう感じだと思うんだよ。ただ、和賀とか松崎みたいなこの本に登場する芸人ってのは、それがないような気がするんだよな。野心みたいなのはあるのか？

松崎　もちろん、売れたいっていう思いはありますよ！　ただ、そのために無理とか我慢して今の生活を変えようとは思わないっていうか……。

西堀　潔いな（笑）。でもさ、努力はしないってことは、ラッキーチャンスを待ってるってこと？　それこそさ、賞レースとか見て、やってやろうみたいな思いとかないの？

松崎　でも、『ＴＨＥ　ＳＥＣＯＮＤ』見て、マシンガンズさんがバズってたから、何でも種をまくことは必要だなって思いましたね。それはネタであったり、ＹｏｕＴｕｂｅとかもそうですし……。

西堀　じゃあ、そのための努力は？

松崎　ド、ド…リョク……？

西堀　なんでそこで困惑するんだよ。至極まっとうな質問だろうが(笑)！　そっか、おまえは誘われたらやるタイプだもんな？

松崎　そうっすね、自分からはまったく……。なんか自分の未来への投資みたいな方法だけまったく浮かばないんですよね。

西堀　でも、それこそアニメとかの仕事は楽しいんだろ？

松崎　もちろんです！　だから、そのジャンルのお仕事ってのは全然無理してるとかそういう気持ちはないですね。

西堀　でも普通の人は、無理して、我慢して未来への投資をするわけよ！

松崎　いやぁ、でもこの歳でそれは……もう無理なんじゃないですか？

西堀　お前、いくつだっけ？

松崎　今年40ですね。

西堀　まだまだ若いじゃん！

松崎　でも、これからピンでまた一からネタやるのか……っていう思いもあって。で、ちょうど自分がピンになった時にR‐1に10年制限ができて……。

西堀　あぁ、そっか……。

松崎　それで思ったんです、「よっしゃ、これでスパッとネタは諦められるぞ」って。

西堀　いや、そっちかよ(笑)！

松崎　でも芸歴制限がなければ、周りも自分も「何で挑戦しないんだろう」って思っちゃう気がして憂鬱なんですよね……。

西堀　でもさ、そのまだ見ぬブレイクというか、チャンスはさ、そうそう来ないっていう認識なの？

松崎　そうですね、そこは意外と冷静に。あったらいいな、っていう感じですね。

西堀　たぶん、ここまで読んだ人は多分こう思ってるよ。「じゃあ何で芸人辞めて他の仕事しないんだろう」って。

松崎　でも、そういうのも含めて、芸人って言いたいんですよ。

西堀　なるほどな。芸人は生き方として最適っていう考え方なわけね。和賀なんかは絶対に芸人でいたいっていう考え方だったけどさ。

松崎　そもそも、芸人の定義が自分の中で分からなくて……逆に、どうなったら芸人じゃなくなるのかっていうのも分からないんですよ。

西堀　じゃあ、売れるとか注目されるのは芸人としてじゃなくてもいいの？

松崎　そうですね！

西堀　それなら、松崎にとって芸人でいることとの意味というか、芸人でいることを繋ぎ止めているものって何になるのかな？

松崎　それこそ西堀さん含めて、有吉さんとか、よくしていただいている先輩に呼ばれるバラエティの現場とか……。たぶん、それがなくなったらまた自分にとっての「芸人」の肩書について悩むんだと思います。

西堀　でもその頻度って……。

松崎　確かにそれは1か月に1回とかですけど、仮にライターという肩書になったとして、ライターがバラエティ出てるのと、芸人がライターやってるのって、どちらかというと後者のほうがよくある感じがしませんか？

西堀　確かにな。じゃあ芸人っていう肩書を、ある種利用しているみたいなところもあるのかもな。

松崎　そう言われたらそうかもしれないですね。

西堀　じゃあそれで言えば、ネタとかそういうところにはこだわりがないんだ。

松崎　そうですね。この考え方が正しいか分からないですけど、「事務所を通していれば何でもあり」っていう感じなんですよね。

西堀　なるほどな。じゃあ、事務所通して「カラオケ屋でバイトしろ」って言われたら、それは喜んでやるのか？
松崎　う〜ん……それが何かの企画とかなら全然いいんですけど、それだと接客業じゃないですか。
西堀　じゃああれか、やっぱり芸人というか、エンタメの人ではいたいんだな。
松崎　そうですね。
西堀　でも、さっきの借金返済の話じゃないけど、一撃で売れるとか、でかい仕事来ないかな〜って考えちゃうよな。ずっと。
松崎　そうですね。ネタ頑張ってる人は賞レースで勝って賞金で借金返すとかですよね。
西堀　じゃあさ、自分にとっての一撃、その可能性が高いものって何なの？　ネタとか、テレビでブレイクするとか、後はもちろん今頑張っているアニメとかの仕事で跳ねるとかさ。
松崎　そうですねぇ……あ、一番都合のいいやつ言ってもいいですか？
西堀　おぉ、何でもいいよ！　何よ？
松崎　……西堀さんのＹｏｕＴｕｂｅがめちゃくちゃ跳ねる――ですかね。
西堀　他力本願だねぇ（笑）。でもさ、けっこう今話題みたいよ。『ＴＨＥ　ＳＥＣＯＮＤ』で俺らのこと興味持ってくれた人とかが、調べてＹｏｕＴｕｂｅに行きついたら、俺は出てないわ、変なおじさんが主役張ってるわでさ（笑）。
松崎　なんか、申し訳ないですけど、いい流れかもしれないですね（笑）。
西堀　アニメの原作、とかそういうのは？
松崎　僕はアウトプットが苦手なんですよね。前に芸人がマンガの原作を考える、みたいな企画でちょっと考えてみたんですけど、これがもう難しくて難しくて……。

西堀　そうなのか。そう考えると、生きるのって簡単なことばかりじゃないじゃないよな。それで言うと、松崎は自分に負荷をかけないように生きてる気はするな。無理しないというか、楽したいというか。

松崎　それはすごい自分でも思います。

西堀　これ、生きとし生ける者みんな思うことだけど、おまえは実践できているのがすごいんだよな。だって、借金あるのにタクシー使っちゃうんだろ？

松崎　そうなんです（笑）。もちろん、いつも使ってるわけではないですけど、終電逃して、頑張れば歩ける距離でも使おうかなって……そこでタクシーの選択肢が出るのが、まさしく、「楽したい」の部分だと思うんですよね。

西堀　でもさ、やっぱそこは芸人だから一撃はあるかも、っていうのが根底にあるだろ？

松崎　ありますね。

西堀　だって、それこそＣＭとかさ。そういう一撃もあるしな。大きい仕事。

松崎　それもよく周りで見ますもん。

西堀　今まで一番大きな仕事でいうと何だった？

松崎　それは、本の印税ですね、一つの仕事で一気にドン、っていうのは。でも、その時はコンビ時代なので、ピンの仕事も折半だったんですよ。

西堀　あ、そうなんだ。

松崎　まぁいちいち分けるのも面倒だし、事前に決めたんですよね。でも一気にドンはそれでしたね。一撃といかないまでも、ちょっといい仕事なんかは、今でも年1とかでいただけたりしますからね。

西堀　借金したって、当たれば1か月で返せるからな、人生そのものがギャンブルみたいなもんだよな。だから、夢あるよな、芸人って。

松崎　夢っていうか、そこまでかっこいいもんじゃないかもしれないですけど（笑）。

西堀　それでいうと「病」だよな。やっぱり。

松崎　そうですね。
西堀　どん底生活でも辞められないしな。あとは周りに病を治したように売れていく人もいるしな。
松崎　そうなんですよ。
西堀　でも、そこで特に松崎が強いというか、すごいのは、病の状態でい続けている、治すため、売れるための何かはしていないっていうこと（笑）。
松崎　そうなんですよね（笑）。
西堀　それはレアだよ、「ただそこで待ってるだけ」なんて。
松崎　ただ、太田プロに所属していますから。仕事入るかもしれないじゃないですか。
西堀　上を見上げて、仕事来ないかな〜って見てるだけじゃん、やっぱり（笑）。
松崎　そうなんですよ！　でも、「それ俺でもよかったんじゃないの？」みたいな仕事が後輩に入ったりしてますもん。現実に。
西堀　いつ来るか分からない、もしかすると一生来ないかもしれないバスをずっと「待つ力」――。もう、忠犬ハチ公超えてるんじゃない（笑）。
松崎　これからも待ち続けますよ！
西堀　うるさいよ！

松崎流ストレス解消法

西堀　じゃあさ、これはシンプルな質問になるんだけど、仕事とかお金とか、娯楽とか……すべてひっくるめて、今楽しい？
松崎　それはもう、楽しいっすよ！
西堀　それはやっぱり即答なんだな(笑)。それはさ、俺とか松崎は芸人として生きているから、なんとなく分かるのよ。でも、読者にも伝わるように「何で？」ってのを考えると、どう？　だって、金の面で言ったら、もっと稼いでる奴でも人生つまらない、みたいな人はいるわけだから。

松崎　そうですね、我々は数字で見ると苦しいですもんね（笑）。

西堀　なんでハッピーなんだと思う？

松崎　そうですね……やっぱり、やりたいことだけやってるからかもしれません。芸人も好きだし、好きなアニメとかの仕事も楽しい。それでいて一日休みのスケジュールもある。

西堀　大御所芸能人みたいだな（笑）。

松崎　こっちからスケジュールの希望はしたことはないですよ（笑）。この日休みにしてなんて言えませんから！

西堀　それはそうか（笑）。

松崎　でも、嫌な仕事も来ないんですよね。好きな仕事をいただけてますからね。

西堀　でもさ、仕事内容じゃなくて、現場で嫌な奴とかに出くわしたりしないの？

松崎　それはもちろん、色々な方がいますから。

西堀　でも、それも毎日じゃないもんな？

松崎　そうですね、それで我慢するのと同時に、芸人だったらそういう出会いもネタにできるなっていうのがあって。

西堀　嫌なことがあっても、ネタに還元できるんだよな、芸人は。

松崎　嫌なことが嫌なままにならないんですよね。あと単純に寝たら忘れる体質なんで。

西堀　おぉ、そうなんだ（笑）。

松崎　ただ、本当に嫌な人だったら、名前が分かれば調べて、その結果をスクショして「いつか見てろよ」っていうことはしますね。もしその人が何かやらかしたらそのスクショ見てやろう、みたいな。

西堀　陰気だな（笑）。でも、ストレスもほぼなく、たまにあるストレスの対処法まですでにあるんだな。でもさ、これ変なもんで、芸人とかだと売れれば売れるほどストレスが溜まるっていう人もいるわけよ。

有吉に買ってもらった冷蔵庫だが今や不満が……

金はあるけど……みたいな。

松崎　そうなんですね。まぁ、それを経験していないですからね。分からないです。

有吉に冷蔵庫を買ってもらう

西堀　じゃあさ、今の生活を維持したいのか、もっと売れたいのか、その二択だと？

松崎　売れたいです！

西堀　おぉ、そこも即答なんだな。それは仕事内容重視？　金銭面重視？

松崎　それはどっちもですね。

西堀　その目標ラインは？

松崎　まずは借金返済して、まっさらになりたい。

西堀　そのあとは、これくらいあったらいいな〜みたいなのは？

松崎　それで言うと……最低30万円かもしれないですね。

西堀　和賀も同じこと言ってた(笑)。慎ましいねぇ。もっと多く言ったっていいのに。

松崎　そうですね（笑）。ていうのも、芸人になってからの最高月収が30万円なんで、その時の思いがあるからかもしれませんね。

西堀　それってさ、どれくらいの稼働だったの？

松崎　でも……月の半分くらいかなぁ……。

西堀　じゃあさ、理想は、１日何時間稼働で何日働いて30万がいい？

松崎　………3日に1日働きたいです！

西堀　月10日の労働か、贅沢な暮らしだよ！

松崎　そのために自分の単価を上げないと……。

西堀　何を偉そうに（笑）！　でも、今の生活でも不満とかはないんだもんな？

松崎　そうですね、ストレスも不満もないです。

西堀　そこがみんなすごいと思うわけよ。だって、ほんとついこの間、冷蔵庫が家に来たのにな！　しかも有吉さんに買ってもらってな！

松崎　そうですね、でも20年間なかったけど、それで暮らせたから……不満はなかったんですよね。

西堀　それで笑ったのは、製氷機使ったことなかったから、氷が出せないんだよ、松崎が。トレーから出すの苦戦してて、「ひねるんだよ」って教えたら、「出せた！」って喜んでるのよ（笑）。

スタート地点が低いがゆえの幸せとかあるんだろうな。洗濯機は今もないんだよな？

松崎　ないです。

西堀　じゃあ、洗濯機も昭和初期みたいな型でもうれしいんだろうな（笑）。でもさ、それで言うと、30万円もらっちゃうと、もっと上の生活がしたくなっちゃうんじゃないかな。

松崎　う〜ん……。

西堀　だってさ、冷蔵庫にもう慣れてるだろ？

松崎　慣れてきましたね……。

西堀　ちょっと不満も？

松崎　大きいお肉のパックが入りずらかったり……。

西堀　おいおい、買ったばかりのころはビールが冷えてるだけで感動してたじゃないか！　なんだよ大きい肉って！　じゃあ、もう大きい冷蔵庫が欲しくなってる？

松崎　欲しい……。

西堀　知らないっていうのは、大事なのかもな……。でも何にしたって、売れるための努力はしてないし、どっしり生きてるよ、お前は。いや、今日話してて お前は「松崎」じゃなくて、「待つ崎」だな（笑）。

松崎　まさしくそうかも（笑）。

西堀　お前はそのまんまでいいよ、楽しそうだし。よし、帰ろう！

松崎　西堀さんのYouTubeが跳ねて、売れる！　これが一番可能性が高いかも。

西堀　他力本願だねぇ（笑）。

「無観客無配信単独ライブ」を続ける男

File.03——ねろめ

File.03	ねろめ

本名：根路銘恵吾（ねろめ・けいご）1986年生まれ、沖縄県出身。茨城大学卒、太田プロエンターテインメント学院第1期生。2010年デビュー。コンビ歴、佐藤ねろめ（2010〜2012）、ピンポン（2012〜2016）。2016年からピン芸人となる。2021年、R-1グランプリ準々決勝進出。2021年から「無観客無配信単独ライブ」を開催中。広島カープの熱烈なファン。
X（旧Twitter）アカウントは「@v3t5eyj5MDn1v9e」。

ねろめの家計簿

1か月の収入	10〜13万円（芸人としての収入0万円※半年で1万円程度／アルバイト：10〜13万円）
家賃	32,000円
光熱費（ガス・水道・電気）	4,000円（ガスなし）
通信費（スマホ・自宅Wi-fi）	5,500円
食費（外食・飲み代含む）	50,000円
遊興費	12,000円 （radiko会員代：芸人ラジオ、カープの番組、Netflix：お金がある時だけ契約、ライブのノルマ：1回=1,000円、多い月で10回）
その他支出	年に2回、親からの仕送り（1回=2万円）

収入：13万円	支出：10万3,500円	計：+26,500円

ねろめに聞きたい8つのこと

❶ 現在の貯金額は?……10万円

❷ これまでの芸人としての最高月収は?……3万円

❸ 芸人デビューして以降のバイト遍歴……コンビニ店員、カラオケ店員、警備員

❹ これまでの人生で一番大きな買い物は?……ノートPC(約8万円)

❺ あなたにとってのプチ贅沢、ささやかな幸せは?……ラジオを聴きながら10kmのランニングをして、ノンアルコールビールを飲む。無観客無配信単独ライブ後に一人で打ち上げをする。

❻ 金がなくてもこれだけはやめられない?……ノンアルコールビール

❼ 月に幾ら収入があればよい?……10万円

❽ こうすれば金が貯まる? どうする?……もっとバイトを増やす。ごみを減らして、仕事を増やそうと目論む「滝沢ごみクラブ」のメンバーに入っているので、ごみをなるべく出さないようにする。

物件情報

家賃:32,000円

都内築約40年のアパートの1階、4畳半のワンルーム、トイレ共同、共同コインシャワー(5分100円)

実録!!『ねろめ飯』

ガスは引いていないため、調理は電子レンジのみ。そのままチンできるタッパーが食器代わり。ある日の1品目は出来合いの千切りキャベツにサバの味噌煮の缶詰を乗せたおかず。味噌煮のだし汁が、キャベツにからむのでドレッシング類は不要。2品目はレトルトカレーにミックスベジタブルを混ぜてレンチン。最後に、とろけるチーズをトッピングしたパックご飯。ノンアルコールビールが食卓に華を添える。

ねろめの夕食フルコース。ガスは使わず調理は電子レンジのみ

このままじゃダメだっていう自覚はありますよ。
でも、芸人辞めちゃったら、からっぽになっちゃう気がするんで。

——ねろめ

狂気の「無観客無配信単独ライブ」

西堀　いや〜、不思議なもんでお前の顔見ると、なんだかほっとするんだよね。じゃ、まずはギャラチェックからいってみようかな。
ねろめ　よろしくお願いします。
西堀　アンケート用紙見ると、芸人の収入は半年で1万円くらいってこと?
ねろめ　そうです。今って、ギャラが1万円以上ないと振り込みが延期されるんで、それが貯まって1万円を超えると振り込まれるんです。
西堀　それで半年かかってんだ(笑)。
ねろめ　『有吉ベース』(フジテレビONE)に呼んでもらったギャラ2回分ですね(笑)。
西堀　ギャラはさておき、お笑い芸人としての活動はどうなの?
ねろめ　ライブにちょこちょこ出てます。ただ、1回出るとエントリーに1000円かかる感じです。
西堀　じゃ、ライブやればやるほど持ち出しが増えて赤字になるの?
ねろめ　そうなんです。
西堀　俺らってネタやって金をもらう商売だけど、それじゃ逆じゃん(笑)。ボランティア芸人かよ。
ねろめ　でも、ピンで1000円って良心的ですよ。コンビで2000円が相場で、ピンでも2000円取られることもありますもん。一応、チケット自分で売ったらバックがあるんですが、お客さん呼べないんで、持ち出しになりますね(笑)。
西堀　その手のライブだと、お客さんはだいたいどれくらいいるの?
ねろめ　ほんと、2~3人とか(笑)。
西堀　高校の三者面談じゃん、ほぼ(笑)。でも、ライブにはたくさん出たいの?
ねろめ　出たいですね。無料で出られるライブなら、最高なんですけど。

西堀　今、目標とかはあるの？　俺もそうだったけど、意外と芸人って目標が立てにくい商売だったりするよね。だから芸人は、M‐1とかを具体的な目標にするんだけどね。ねろめはピンだからR‐1だけど、もう出られないんでしょ。

ねろめ　そうですね。10年超えちゃったんで。

西堀　じゃ、もうタイトルとかは狙えないわけね。残念だよね、それは。

ねろめ　でも、こんなこと言うと不思議に思われるかもしれないんですが、僕、R‐1に出られなくなってからのほうが楽しくなったんです。

西堀　えっ、何でよ？

ねろめ　だって、R‐1で結果出さなきゃっていうプレッシャーがなくなったんですもん。これで本当に自分の好きなネタだけをやれるし、好きなペースで仕事ができるじゃないですか。

西堀　てか、お前、仕事ないじゃん！

ねろめ　そうなんですけどね（笑）。でもピン芸人には少なからず〝R‐1の呪縛〟ってあると思うんですよ。それ用のネタ作らなきゃっていう焦りとか。でも、10年超えちゃうとそもそも出られないから楽になるんです。

西堀　じゃ、今は何が目標なの？

ねろめ　単独に集中したいですね。

西堀　単独ライブね。あ、これね、読者の人で俺のYouTubeを見てもらっている方なら分かるからいいんだけど、念のため説明しておくと、ねろめの単独ライブって、「無観客無配信」なんだよね。

衣装用意して場所押さえて熱演するんだけど、客は誰もいない。ライブの模様は動画で撮ってあるんだけど、配信することもない。要は、誰も見られないわけ。って、そんなの単独って言わねーだろ！

ねろめ　いや、単独ですよ（笑）。

西堀　文字通り、お前一人しかいないっていう意味の「単独」だろ。でもさ、そもそも何で無観客無配信ライブをやろうと思ったのよ？

ねろめ　ライブ出たいからです。でも、普通のライブだと1000円エントリーフィーがかかるし、ネタも1本しかできないじゃないですか。それが、単独なら公民館の会議室借りればいいんで、800円で済むんですよ。しかも、3時間も借りられる。

西堀　説明されても理解できないわ！

ねろめ　ま、自己満足なんでしょうけど、すごい楽しいんですよ。

西堀　お客さんいないのに？　っていうか、ねろめは撮影した動画を後で一人で見てるんだよね。

ねろめ　単独ライブの動画をノンアルコールビール飲みながら見るのが一番幸せな時間なんですよ。

西堀　自分が演じて、自分がたった1人の客なわけでしょ。これって、なんだろう……芸人としてもう〝解脱〟している気がするんだけど。

だって、ネタを演じるのもネタで楽しませてもらうのも全部自分1人で完結しているわけでしょ。これって、究極の形態なんじゃない。

ねろめ　そうなんですかね（笑）。

西堀　芸人としての野望とか、目標はないの？

ねろめ　ありますよ。バイトを辞めることですね。

西堀　芸人のギャラだけで食っていきたいのね。他には？

ねろめ　テレビにはやっぱ出たいですよね。

西堀　じゃ、無観客無配信じゃなくて、どんなネタがウケるか知るために、お客さんのリアクション見たほうがいいじゃん。

ねろめ　あ、いや……単独のためにネタを作っているわけじゃなく、あくまでライブとか、テレビのオーディション用のネタを作っているんです。そういうネタをまとめて、定期的に単独ライブをしている感じです。

西堀　いや、単独ライブを自分を追い込んでネタ作りするきっかけに利用しているのは分かるけど、やっぱり変だと思うよ。

ねろめ　楽しいんですよ、単独があるとネタ作りが。楽し過ぎて、ショートネタのほうがいいのに9分のネタとか作っちゃって（笑）。

西堀　本当に楽しそうだよね。誰も見に来ないのにポスターも作ってるもんね。意外と凝ったやつ。

ねろめ　そうなんですよ（笑）。

西堀　第10回のやつは、「こってり濃厚超え　ねろめん」だって（笑）。「開場なし」。「開演9時30分」、「終演11時45分」。「会場　高円寺の公民館」（笑）。ここまでちゃんとしているのに、「チケット、前売り、当日、配信0円」って。

全部「なし」「なし」って、お前、プロレスの試合で言ったら、「ノーロープ、ノー有刺鉄線、ノー観客デスマッチ」みたいなもんだぞ（笑）。

ねろめ　結局、未完成のネタを人に見せるのって恥ずかしいじゃないですか。だから無観客無配信単独ライブでネタを下ろして動画に撮っておいて、それを後で自分で見て調整して完成させていくイメージなんですよ。

西堀　そう聞くと、まともに聞こえるけど……。

アルコール依存症を克服

ねろめ　でも最近、自分を笑わせにかかっちゃってて（笑）。

西堀　どういうこと？

ねろめ　後で見て、「これ、自分で笑うだろうな」っていうネタが増えちゃってるんです。

西堀　お前が客かよ！

ねろめ　でも、動画チェックしてこれはよさそうだなっていうのは、一応、ちゃんとしたライブに出す

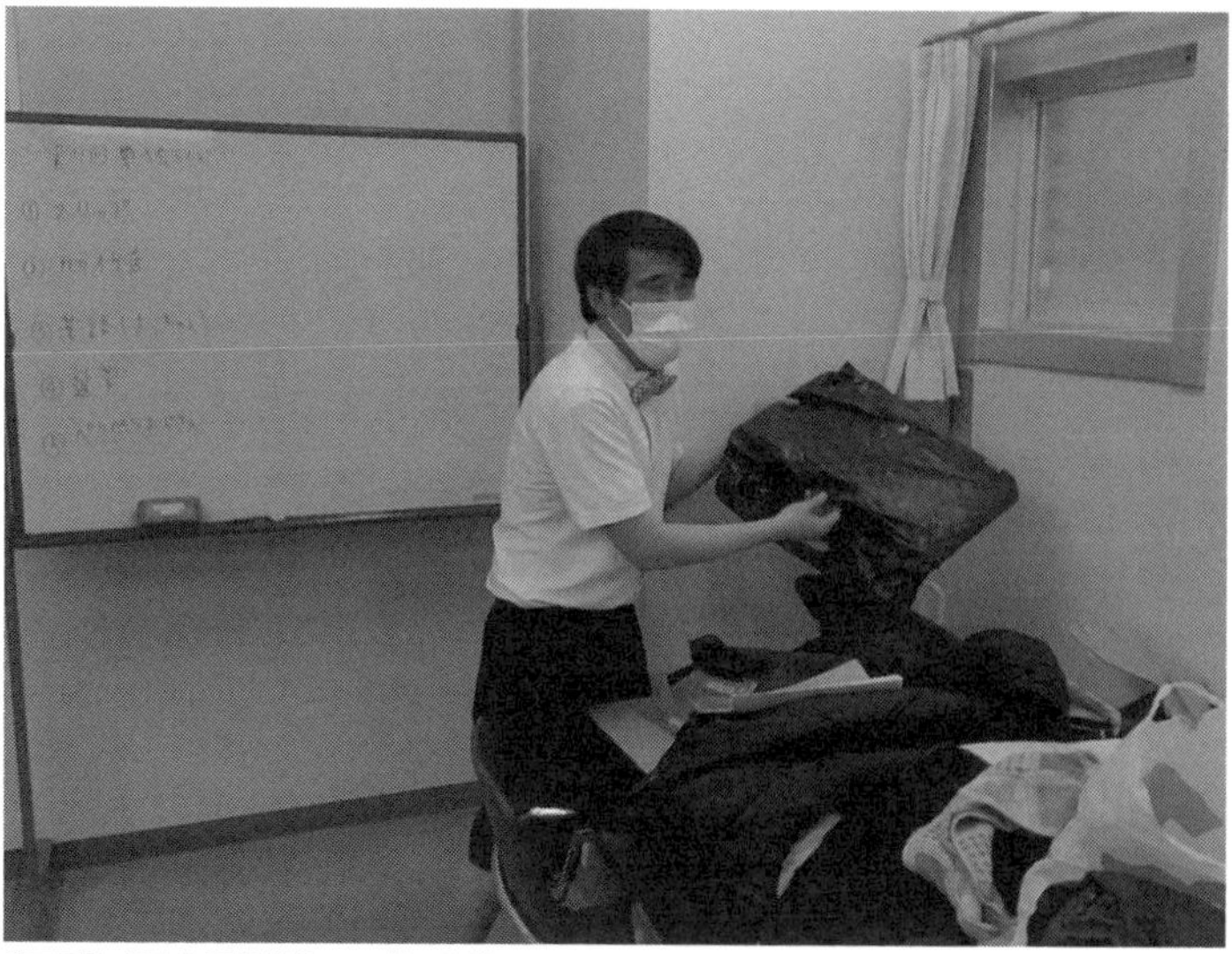
第７回「無観客無配信単独ライブ」の準備をするねろめ

ようにしてます。

西堀　ライブったって、お客が３人とかだろ。

ねろめ　そうです（笑）。３人じゃなくて、お客さんとマンツーの時もあります。

西堀　お客がゼロってことも？

ねろめ　あります（笑）。その時は、他の出演者の芸人がネタ見てくれます。

西堀　地獄じゃねーか！　じゃ、これまでに無観客ライブのネタをしっかり見たことあるのって、ＹｏｕＴｕｂｅで密着した俺だけなの？

ねろめ　そうです（笑）。

西堀　それは光栄だわ。でも、さすがに俺のＹｏｕＴｕｂｅではネタ流してくれるんだろうなと思ったよ。一応、何万人も見てくれているわけだし、そこでねろめのネタ面白いと思ってくれる人だっているはずだから、チャンスだしね。

そしたら、お前、「恥ずかしいんでネタは絶対流さないでください」って。

ねろめ　恥ずかしいんですよ（笑）。

西堀　何のために芸人やってんだよって思ったけどさ、でも、ねろめと話していると悲壮感ないんだよね。楽しそうで。

ねろめ　楽しいですよ（笑）。僕はまずポスターから作るんですけど、それが完成すると、毎日、「やべ〜単独迫ってきてる」って、ちゃんとプレッシャーも感じますし。

西堀　それ聞いていると、自分が主役のAV作って、それでオナニーしているように聞こえんのよ。いや違うな。AVなら相手の女優がいるもんな。ハメ撮りとも違うし、ねろめのほうがもっと先行っちゃってるな（笑）。

YouTubeで密着した時も、自分のネタ動画で見てゲラゲラ笑ってたよね。

ねろめ　そうですね、笑っちゃいますね（笑）。

西堀　俺からすると、めちゃくちゃ意味不明なことやっているのに悲壮感はないし、本人が楽しそうなのが不思議なんだよね。誰にも迷惑かけてないし、ネタも作ってるし、そこから得られる芸人としての満足感もある。すべてが自己完結だけど（笑）。

ねろめって、ある意味芸人界の「ニュータイプ」なのかもね。

ねろめ　でも、こうなったのはお酒をやめてからなんですよね。

西堀　酒飲んでた時はこんなんじゃなかったの？

ねろめ　はい。飲むとグチとか、人のネタに「つまんねーな」とか言っちゃってたんで。

西堀　えー、今の姿からは信じられないな。

ねろめ　見た目的にキレそうにないキャラなんで、酒飲んでグチるのがウケてた部分もあったんで、ますます飲んじゃっていて（笑）。

西堀　その時はコンビだったんだよね？

ねろめ　そうです。コンビ解散してピンになって酒やめてから、今のスタイルになりました。

西堀　お酒は何でやめたの？

ねろめ　『有吉ベース』の「依存症芸人」っていう回に出してもらったのがきっかけです。番組では実際に病院で検査したんですけど、その結果、「初期のアルコール依存症」だって分かって（笑）。

西堀　その歳でアル中はきついよね。

ねろめ　その頃、二日酔いもひどいし、血とかも吐いていたんで、あ、これはやめ時かなって。

西堀　どのくらい飲んでいたの？

ねろめ　ビールだったら500ミリ缶を12本とか。

西堀　その酒量は、もはやアンドレ・ザ・ジャイアントじゃん。

ねろめ　ちゃんぽんする時は、最初にビールのロング缶を3～4本いってから、ハイボールを5缶飲んで、最後に泡盛飲むみたいな感じでした。

西堀　だからアンドレじゃん！

ねろめ　酒癖もあまりよくなかったんです。毒づいたり、自分のことばっかり話しちゃったり。

西堀　アンドレは陽気に飲むからな。

ねろめ　末期は酒のこと考えるだけで、体が震え出すというか、貧乏ゆすりしちゃうようになって（笑）。

西堀　本当にアル中じゃん！　どんな時に酒のこと考えてたのよ？

ねろめ　ライブで自分のネタが終わったら、もう酒のことばっかり考えちゃって震えが来て……。

西堀　若手ライブでネタ終わりに袖で酒のこと考えて手が震えてるって、そんな奴いないよ！

ねろめ　ほんと、記憶飛ばすまで飲んじゃってたんで、やばいなーというのはありましたね。

ねろめの特殊能力は「満足する力」

西堀　完全に禁酒できたの？

ねろめ　ですね。酒飲みたくなったら、外を走りに行って、帰ってきたらノンアルビールを3缶飲めば満足ですね。

西堀　普通の人、ノンアルそんなに飲まないよな。

ねろめ　走ってからノンアル飲むと、疲れているんで脳が騙されるというか、本当にお酒飲んでいる感覚になるんですよ。

西堀　よかったね、立ち直って。でもさ、俺思うんだけど、酒の一番の敵って「暇」だと思うんだよな。忙しくしていたら飲む暇ないし。明日早くから仕事だなって思ったら、晩酌もほどほどになるじゃん。

ねろめ　それはありますね。当時暇だったんで、夕方5時から午前2時までとかエンドレスに飲んでましたもん。

西堀　暇な芸人ほど酒に溺れるんだよ（笑）。地獄の連鎖だな。酒やめてからは何が一番の娯楽になってるの？

ねろめ　野球ですね。カープファンなんです。野球のラジオ聞いたり、あとはテレビですかね。

西堀　ねろめはテレビ大好きだもんな。沖縄からこっちに出てきたのもそれが理由だったよね？

ねろめ　そうなんです。沖縄にいる時は、「一部地域を除いて」みたいなテロップ出たらもうアウトで、テレビ番組が何でも見られるわけじゃなかったんですよ。それが嫌で、関東のテレビが見たいと思ってこっちに来た感じですね。

西堀　それが上京した理由？

ねろめ　１００％それが理由です（笑）。

西堀　当時、芸人は誰にあこがれていたの？

ねろめ　爆笑問題さんですね。

西堀　芸風まったく違うじゃねーか！　バイトも週2～3日しかしてないけど、それもテレビが見たいからなの？

ねろめ　そうですね（笑）。テレビを見たいのもそうなんですけど、最近はラジオが面白くて聞きまくっているんです。バイトいっぱい入れちゃうと、それができないので嫌なんですよ。

西堀　1日にどのくらいテレビ見てるの?

ねろめ　基本レコーダーに予約してあるんで、それを見るんですけど、野球があるとそれだけで3時間、他に4時間くらいテレビ見て、あとはラジオですね。だから、多いと10時間くらいいっちゃいますね。あまりバイトに時間は使えないんです。

西堀　ナンシー関か！　そこまで見続けてるんだから、最近の傾向とか分かるんじゃないの?　ねろめさん、最近のテレビはどうなんですか?

ねろめ　面白いですよ。変わらず。ただ、最近は地方のテレビが面白いですね。ＴＶｅｒで見られるんで、地方の番組見ちゃいますね。

西堀　なるほどね。でもさ、この令和の時代にテレビだけあればいいって人は珍しいよね。普通はもっと、あれしたい、これしたいってあるじゃん。ねろめだって、バイト少し増やせばもっとおいしいもの食べられるとか、少しいい物件に住めるとかあるじゃん。それでも、そうしないの?

ねろめ　しないですね。僕の生活で唯一邪魔なのがバイトなんで（笑）。それは最低限にしたいんです。

西堀　それでも借金ないもんな。

ねろめ　ですね。月に11万円くらいあれば生きていけますね。

西堀　家賃3万2０００円で、ガスはなし?

ねろめ　そうですね。電気代が4～5０００円で、水道代は１５００円で一律です。

西堀　トイレは共同で風呂はなし?

ねろめ　ないですけど、共同スペースにコインシャワーが設置されているんで大丈夫です。

西堀　ワイドショーの生活評論家の人でも、ねろめの生活はこれ以上切り詰められないよな。

ねろめ　暖房もないですからね（笑）。

西堀　それって最高のＳＤＧｓじゃん！　持続可能な生活なんだろ？

ねろめ　そうですね。特に不満はないです。

西堀　ほんと、変わってるよな。俺のチャンネルに出てる芸人は、まあ、みんな変わってるって思うけど、ねろめは特に変わってるよ。

ねろめ　そうですかね〜。和賀さんとか松崎さんのほうが変わってますよ。あ、石沢さんじゃないですか、一番変人なの。

西堀　これ面白くて、俺のチャンネルの演者は、みんな自分のことをさて置いて「あいつが一番変わっている」って言うの。俺から言わせりゃ、みんな変人なんだけどさ（笑）。

ねろめ　僕は普通ですよ（笑）。

西堀　いや普通じゃないって（笑）。結局、なぜみんな普通じゃないかって、この本でインタビューしていて思ったのは、みんな何か「〇〇力」みたいなのを持っているのよ。常人には理解しがたいレベルの能力。

和賀だったら「現実を見ない力」みたいなのが際立っていたし（笑）。「目を逸らす力」というか、その点で言うと、この本の〝芸人アベンジャーズ〟の中だと、ねろめの特殊能力は「満足する力」なんじゃないかな。

ねろめ　「満足」ですか？

西堀　そう。現状に満足しているし、芸人としての活動だって、ネタ作って演じて、それを自分で笑うことで自己完結している。なんか、圧倒的な自己肯定感があるのよね。無理してなさそうだし。

ねろめ　そうなんですかね。

西堀　収入は増やしたいの？

ねろめ　ま、バイトは辞めて芸人のギャラだけで食べていきたいですね。

芸人の壁は「月収30万円」

西堀　で、月にいくら欲しいの？
ねろめ　20万とか30万とかあると、うれしいですね。
西堀　全然いけるでしょ、それなら！　おまえ、売れっ子芸人が月にいくらもらっているか知らないだろ。ケタが全然違うぞ。一方で、売れていない芸人の目標は「30万円の壁」なんだよな。
ねろめ　30万円もらえたら十分ですよ。
西堀　夢のない時代だよ（笑）。
ねろめ　少し欲を言えば、部屋にお風呂があって、好きなときにお風呂入れる生活がしたいですね。冬とか、コインシャワーはとにかく寒いんですよ。1回5分で100円。たいていは100円で済むんですけど、冬は寒いからお湯を浴びていたいんで200円かかっちゃいますし。
西堀　他に欲しいものは？
ねろめ　換気扇ですね。赤プルさんに卓上コンロもらって肉焼いたんですけど、換気扇がないんで煙が充満してボヤ騒ぎみたいになっちゃって（笑）。
西堀　1つもらうと、別の欲が出てくるんだよな。人間は欲深い（笑）。彼女とか欲しくないの？
ねろめ　まあ、欲しいですけど、そのために生活を変えたりバイト増やしたりって、無理はしたくないんですよね（笑）。
西堀　これはいわゆる草食系なのかな？　どっちなんだろう？
ねろめ　お酒飲んでいた時代に、コンパとか失敗しまくっていたんでトラウマもあるし。
西堀　アル中だから乾杯する前に酒が来るまで、テーブルの下で手が震えてたんだろ？
ねろめ　はい（笑）。その後、飲みまくって自分の話ばっかりしていたからモテませんよね。
西堀　今はほとんど外に出ないの？

ねろめ　土田（晃之）さんのフットサルとか呼んでもらったら、行きますし。たまに外食することもありますよ。

西堀　たしかに、ねろめは誘ったら来るもんな。

ねろめ　はい。人とわいわいするのが嫌いなわけではないです。

西堀　芸人を辞めようと思ったことはないの？

ねろめ　ないですね。僕が出ている地下ライブの芸人さんって、みんなギリギリの生活だから、しょっちゅう、芸人辞める奴とかいるんですよ。でも、半年くらいしたら、芸人に戻って同じ地下ライブに来ているケースが多いですね（笑）。

西堀　辞めてもすぐ戻って来るんだ（笑）。なんか、クスリで捕まった人みたいだね。もうやらないっていっても、すぐ半年後に捕まっちゃうみたいな。

ねろめ　僕もそうですよ。芸人辞めても半年で戻っちゃいそうですもん。

西堀　なんで戻って来るのかね？

ねろめ　みんな「刺激がない」って言いますね。芸人辞めてバイトとか普通の仕事して生活していても、ハリがないというか。ストレスも溜まるし、結局、売れていなくても芸人として生きているほうが楽しいなって思うんでしょうね。

西堀　それはちょっと分かるかも。舞台に上がると、自分がしゃべっていることをみんなが聞いてくれて、笑ってくれるわけだからね。あの恍惚感は他では味わえないかもね。

ねろめ　唯一、芸人を辞めるっていう選択肢がリアルに出てくるのは、結婚した場合ですかね。

西堀　和賀にしてもそうだけど、何でみんな、「まだ見ぬ花嫁」のことをそんなに考えてんのよ（笑）。

ねろめ　西堀さんは結婚してますもんね。

西堀　してるよ。２０１２年に結婚したのかな。それまで同棲していたから、その流れの中で入籍したって感じだったけど。
ねろめ　よく奥さんに怒られませんでしたね。
西堀　大きなお世話だわ！　じゃ、ねろめは本当に好きな人ができて、例えばその人に「芸人は土日だけにして普段の日はきちんと働いて」って言われたら、どうすんのよ。
ねろめ　嫌ですね……。
西堀　でも、その人のことも大好きなのよ。
ねろめ　じゃ、頑張りますね。土日のライブだけ出ればいいし、僕には単独ライブがありますしね。
西堀　無観客無配信のな（笑）。じゃ、「月に30万円入れてくれれば芸人やっていい」とか言われたらどうすんのよ。そしたら、バイトだけじゃ無理だよ。
ねろめ　そしたら……芸人を取りますね。
西堀　ふ〜ん。そこまで芸人が楽しいのね。
ねろめ　もちろん、このままじゃダメだっていう自覚はありますよ。でも、芸人辞めちゃったら、からっぽになっちゃう気がするんで。
西堀　自分の好きなことをやっているという部分が大きいんだろうね。面白かったのが、YouTubeで無観客無配信ライブに密着した当日、公民館でねろめが「寝不足です」って言ったでしょ。
ねろめ　そうなんですよ。小道具とか衣装が間に合わなくて、それを前日に徹夜で作っていたので。
西堀　でも、そのライブは誰が見るわけでもないわけじゃん。それが不思議なのよ。
10回以上単独ライブやっているわけだけど、手応えは毎回違ったりするの？
ねろめ　それは全然違いますね。
西堀　そうなんだ（笑）。成功とか失敗もあるの？
ねろめ　ありますよ。
西堀　成功した回は？
ねろめ　あ、それで言うと、第9回とかはすごい手応えがありましたね。

西堀　……って、誰が判断すんだよ！

ねろめ　ネタのバランスがよかったです。

史上初の「自己完結型」芸人

西堀　ねろめは、まず事務所の太田プロライブを勝ち抜くのが目標だろ？　事務所ライブの本戦に出ることをまず目指さなきゃダメじゃん。

ねろめ　それはそうですね。

西堀　でも、事務所ライブで人気出るのって、やっぱ女性ファン票を持っているというか、見た目がちょっとシュッとしている芸人が多いよね。そういう意味だとねろめはハンデあるもんな。

ねろめ　そうなんですよね（笑）。

西堀　でも逆に、目が肥えたお笑いファンには刺さるんじゃないの？

ねろめ　マザー・テラサワさんがやっているライブとかにはよく呼んでくれますね。そのライブは、トム・ブラウンさんとか、メイプル超合金さんとかも、ネタの調整しに来たりしていましたし。

西堀　じゃ、お笑いファンの間でちょっと有名な存在になって発見されるって道もあるんだ？

ねろめ　そうなってくれるとありがたいです。

西堀　もし、仮に発見されなくても、ねろめの場合は自己完結しちゃってるもんね。無観客無配信ライブがあるからから。

ねろめ　そうかもしれないです（笑）。

西堀　あれって、すごい発明だよね。お笑い界の根底を揺るがす〝禁断の発明〟かもしれない（笑）。だって、お笑いって、演者がいて客がいることでしか成り立たないはずなのに、ねろめの場合は他者の介在を必要としないわけだからね。

ねろめ　自分では、修行みたいなものだと思っています（笑）。

西堀　あと、金がかからないのがいいよね。単独ラ

第２回　無観客無配信単独ライブ
誰も知らない
Nobody Knows
2021年12月23日（木）
開場　なし　開演　AM９：３０　終演　AM１１：４５（予定）
会場　高円寺の公民館
チケット：前売　０円　当日　０円　配信　０円

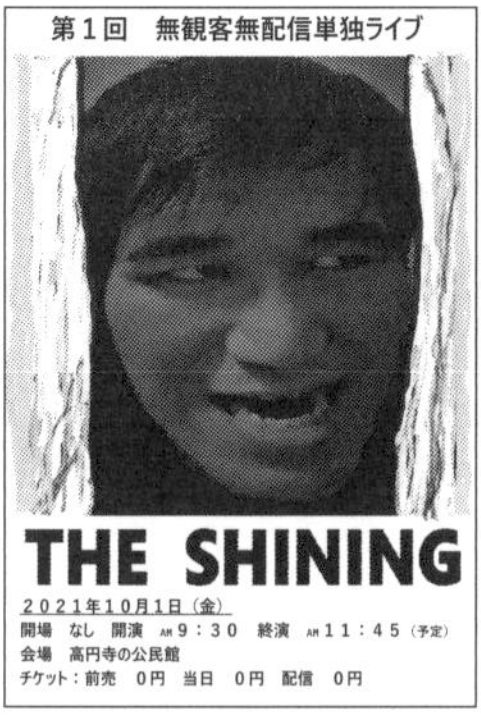
第１回　無観客無配信単独ライブ
THE SHINING
2021年10月1日（金）
開場　なし　開演　AM９：３０　終演　AM１１：４５（予定）
会場　高円寺の公民館
チケット：前売　０円　当日　０円　配信　０円

第４回　無観客無配信単独ライブ
「単独ライブは突然に」
ねろめ
2022年5月19日（木）
開場　なし　開演　AM９：３０　終演　AM１１：５０（予定）
会場　高円寺の公民館
チケット：前売　０円　当日　０円　配信　０円

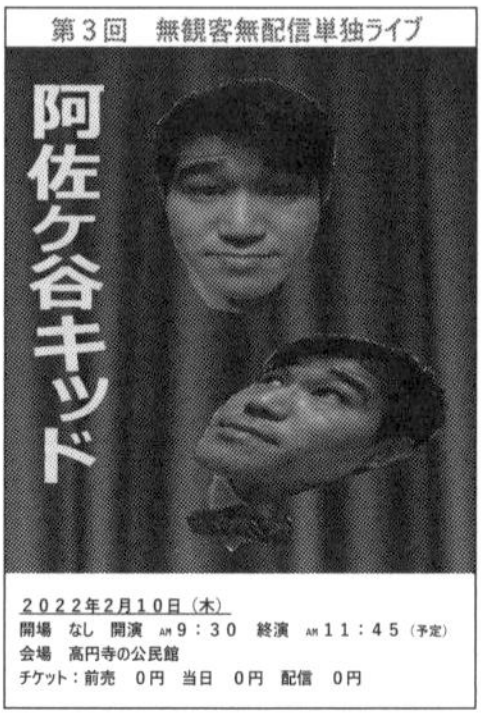
第３回　無観客無配信単独ライブ
阿佐ケ谷キッド
2022年2月10日（木）
開場　なし　開演　AM９：３０　終演　AM１１：４５（予定）
会場　高円寺の公民館
チケット：前売　０円　当日　０円　配信　０円

第５回　無観客無配信単独ライブ
「私が生産者です。」
2022年6月30日（木）
開場　なし　開演　AM９：３０　終演　AM１１：５０（予定）
会場　高円寺の公民館
チケット：前売　０円　当日　０円　配信　０円

ねろめ無観客無配信単独ライブ

2021年10月1日（金）　第1回「THE SHINING」
2021年12月23日（木）第2回「誰も知らない Nobody Knows」
2022年2月10日（木）　第3回「阿佐ヶ谷キッド」
2022年5月19日（木）　第4回「単独ライブは突然に」
2022年6月30日（木）　第5回「私が生産者です。」

イブのコストはいくらなの？
ねろめ　公民館の会議室借りるんで８００円で済みます。
西堀　安っ！
ねろめ　隣の部屋で誰かが会議している時は、ちょっとネタ中の声が小さくなりますね。
西堀　声張れないライブってなんだよ（笑）。公民館の人は、おまえのことどう思ってんだろうね？
ねろめ　芸人が会議室借りてネタの練習していると思っているんじゃないですかね（笑）。
西堀　まあ、そうか。でもさ、そこまできちんとやってるんなら、ネタ配信したほうがいいんじゃない。小説書いているけどまだ人に見せられないとか、音楽やってるんだけどまだ人に聞かせられないみたいな人もいるけどさ、ねろめは芸人だろ。みんなに見てもらって、誰かに刺さるほうがいいじゃん。
ねろめ　そうですかね……。
西堀　当たり前だろ！　ここまでミステリアスだと、逆にねろめの単独ネタ見たくなってきたわ。チケット代５０００円払うからネタ見せろよ。
ねろめ　嫌です（笑）。
西堀　じゃ、何のためにやってんだよ！
ねろめ　究極……、自分で楽しむためかもしれないですね（笑）。
西堀　やっぱ自己完結しちゃっているんだね。じゃ、言うことないわ。そもそも今の暮らしも点数つけるなら１００点なんだろ。貧乏だけど。
ねろめ　まあ、１００点ではないですけど、近いものはありますね（笑）。
西堀　ストレスとか落ち込むこととかあんの？
ねろめ　ストレスはあんまないですけど、落ち込むことはありますよ。バイト行きたくないなとか、またオーディション落とされたなとか（笑）。
西堀　でも、そんなもんだろ。誰だってバイトだる

ねろめ無観客無配信単独ライブ

2022年9月5日（月） 第6回「そうだ単独ライブしよう。」
2022年12月22日（木） 第7回「777（ラッキー7）」
2023年2月20日（月） 第8回「ネロノポリス8」
2023年5月9日（火） 第9回「日本を元気に!!」
2023年6月28日（水） 第10回「こってり濃厚超え ねろめん」

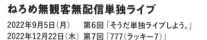

いなって思うし、オーディションだって落とされたらそれはヘコむだろ。

ねろめ　そうですね（笑）。だから逆に、こんな生活なのに満ち足りてるのはおかしいのかなって、自分で思う時があります。

西堀　たまにはそうやって自問自答するのね。そういう時はどうするの？

ねろめ　走りに行ってからノンアルビール飲みます。

西堀　お手軽！　それって肉体的な解決だろ！　悩む→走る→飲む→疲れる→寝る……って。

ねろめ　そうかもしれませんね（笑）。

西堀　今後、またコンビ組むことはないの？

ねろめ　それはないですね。ピンのほうがR‐1も準々決勝までいけましたし、僕はピンのほうが合っているのかもしれませんね。

西堀　でもR‐1にはもう出られないでしょ？

ねろめ　だから、ほっとしちゃって、もっと楽しくなっちゃったんです。

西堀　ちょっと分かるけど、その気持ち。じゃ、ずっと、無観客無配信ライブは続けて、いつかネタ番組に引っかかるのを待つのね。

ねろめ　そうですね。

西堀　芸人は続けていく。

ねろめ　はい、続けます。

西堀　なんか、ねろめ見ていると考えさせられるのよ。世間は貧乏だし売れていないからつらいんだろうなって思うはずなのね、ねろめのこと。だけど、よく聞くとそうじゃないんだよね。

ねろめ　つらくはないですね。

一発屋として世に出たい

西堀　世間はそうじゃないと思うよ。毎日、満員電車に乗って会社に行って、上司に嫌味言われても一生懸命働いて……それでメンタルおかしくなっちゃってとかいうケースよく聞くじゃない。「現代人は病んでいる」みたいな広告とかもよく目にするし。

ねろめ　ええ、ええ……。

西堀　そうやって考えると、ねろめのほうが実は人生を謳歌しているというか、幸せなんじゃないのかなって思えてくる瞬間があるのよ。

ねろめ　そうなんですかね。僕は分からないです。

西堀　いや、俺も分かんないよ。おまえと同じ芸人という人種だから。ただ、やっぱり芸人ってある種の「病気」なんじゃないかなって思う。実はそこに売れている、売れていないは関係なかったり。

ねろめ　売れていても売れていなくても、世間は「芸人」として扱ってくれますしね。

西堀　逆に、芸人でいられるから、貧乏も嫌なことも我慢できているのかもしれないね。

ねろめ　それはありますね。芸人辞めて普通に働くことが想像できないというか……。

西堀　じゃ、このままでいいのかな。

ねろめ　いや、ちゃんと売れたいですよ（笑）。芸人として。そこはあきらめてはいませんよ。

西堀　親はどう思ってんの？

ねろめ　親とは良好です。月に3回くらいは電話しますし。誕生日とクリスマスに仕送り2万円もらっています（笑）。あと、半年に1度、食材の差し入れも届きますね。

西堀　優しいじゃん。じゃ、テレビでネタ見せてあげるのが親孝行なのかもしれないね。

ねろめ　エキストラですけど、井上真央さんが主演したNHKの大河ドラマ『花燃ゆ』に出た時は喜んでくれましたね。幕末の奇兵隊の農民役で（笑）。

西堀　すごいじゃん！　大河俳優じゃん。『有吉ベース』とかはどうなの？　親喜んだ？

ねろめ　生意気かもしれませんが、あれはあんまり見て欲しくないですね（笑）。

西堀　だよな（笑）。「熱い、痛い、かっこ悪い」を中心とした仕事だもんな。『有吉ベース』は。まあ、でも芸人は親公認なんだね。

ねろめ　兄がいるんですけど、兄は公務員でしっかりしているので、なおさら僕のことを気にしているんじゃないですかね。

西堀　分かるわ。俺の親もそうだもん。なんか不思議なことやっているから、気になるんだよね。俺も『THE SECOND』終わってから電話かかってきて、「あんた、これで露出増えるんじゃない」って。おいおい、母ちゃん、どこで「露出」なんて言葉覚えたんだよって（笑）。

ねろめ　僕もリズムネタでも何でもいいんで、一発屋として世に出たいんですよ。

西堀　そうだよな。一発屋って世間の人どう思っているか知らないけど、大成功だよな。

ねろめ　そうですよね。

西堀　でも、今幸せそうで安心したよ。ストレスもなさそうだし。おまえ、勝ち組だよ。ある意味。

ねろめ　そんなことないですよ。

西堀　いや、勝ち組だって！　どん底の生活でも楽しんでるし、ストレスフリーなんだぜ。タワマンに住んでいていい暮らししていても、つらい人いっぱいいるんだぜ。俺の予想だけど（笑）。

ねろめ　でも、売れたいとは思いますよ。

西堀　でも、売れる時は一気にくるぞ。

ねろめ　ですよね。宮下草薙とか、納言とか、一気にきましたもんね。

西堀　そうだよな。それも芸人という病気が治癒しない理由なのよ。貧乏していた仲間が急に売れるのを何度も見てきちゃっているから、「いつかは俺も」って夢見ちゃうんだよな。

ねろめ　僕は芸人始めた時、漠然と30歳までには売れるだろうなって思ってましたもん。でも、気がついたらまったく売れてないし、なんなら30歳の年にコンビ解散があってピンになったんですよ。

西堀　色々あったみたいだけど、ねろめはなんか幸せそうだからいいよ！　よし、帰ろう！

西堀　チケット代5000円払うから、
ネタ見せろよ。
ねろめ　嫌です(笑)。

妻子ある身で「持続可能な芸人モデル」を体現する男

File.04――ブラックパイナーSOS 内藤正樹

File.04 内藤正樹（ブラックパイナーSOS）

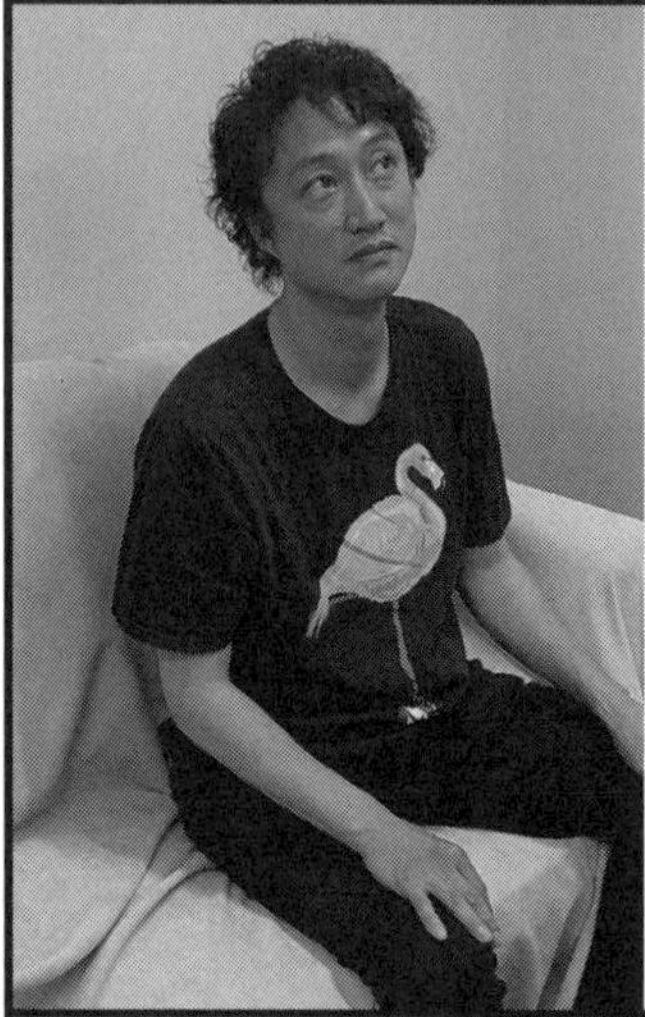

（ないとう・まさき）1979年生まれ、東京都出身。高校在学中の1995年10月に同級生の山野拓也と漫才コンビ「ブラックパイナーSOS」結成。ツッコミ担当。長身でボケの山野が変キャラになったりするのを内藤が軽やかにツッコむスタイル。デビュー当初は「高校生イケメン芸人」として人気を博す。家族は妻と子ども2人。実兄は東証上場のゲーム会社『株式会社ドリコム』社長。YouTube「ブラックパイナーSOSチャンネル」が好評。

内藤の家計簿

1か月の収入	25万円 （芸人としての収入10万円/その他収入15万円）
家賃	140,000円
光熱費（ガス・水道・電気）	20,000円
通信費（スマホ・自宅Wi-fi）	10,000円
食費（外食・飲み代含む）	15,000円
遊興費	タバコ代程度（子どもの服やおもちゃを買うため自分は使わない）

収入：25万円	支出：18.5万円	計：+6.5万円

内藤に聞きたい8つのこと

❶ 現在の貯金額は?……200万円

❷ これまでの芸人としての最高月収は?……45万円

❸ 芸人デビューして以降のバイト遍歴……ステーキ屋、コンビニ店員、引っ越し屋、居酒屋、テレアポ、立体駐車場係員、カラオケ店員、警備員、荷揚げ、宅急便の倉庫の仕分け

❹ これまでの人生で一番大きな買い物は?……ソファ(約15万円)

❺ あなたにとってのプチ贅沢、ささやかな幸せは?……嫁と子どもが寝てから一人で飲むお酒

❻ 金がなくてもこれだけはやめられない?……毎日のビール

❼ 月に幾ら収入があればよい?……30万円

❽ こうすれば金が貯まる? どうする?……月に2万円ずつ「つみたてNISA」をやっている。

物件情報

家賃:140,000円

都内のマンションの1階、3LDK

実録!! 怒涛の8軒ハシゴ「小岩メシ」

和賀と西堀を引き連れて、生まれてから43年間住んでいる地元小岩を内藤が案内する小岩メシ。奥さんに頼み込んでもらった5万円で内藤が支払い。1軒目、居酒屋『一力』で西堀とさっそく一杯(和賀は銭湯へ)。瓶ビール・チューハイ・串焼き・厚揚げ・ガツ刺し他で計2,660円。2軒目は立ち呑み酒場『さくら』。レモンサワー他で計700円。3軒目はもつ焼『植むら』。バイスサワー・もつ焼・ガツ刺し・らっきょう・かんぱち刺身他で計3,870円。4軒目はイタリアン『カフェ&バー ドンデンガエシ』。サングリア・白ワイン・温野菜・おつまみ他で計2,780円。5軒目は蕎麦屋『みや田』、そば湯焼酎・瓶ビール・豚なんこつ・鳥わさ他で計4,500円。6軒目、居酒屋『嵯峨野』。レモンサワー・おつまみ他で計3,000円。7軒目は鮨割烹『きね鮨』。瓶ビール・チューハイ・日本酒・鮨・おつまみ他で計13,700円。シメの8軒目は、居酒屋『宝』。チューハイ・レモンサワー・おつまみで計2,700円。この日の小岩メシは合計33,910円也!

普通にお金稼げて生活する分には楽だよ、芸人辞めて他の仕事したほうが。
でも、それじゃ面白くないんだよね。

——内藤正樹

コツコツ「つみたてNISA」

西堀　内藤さんは今回の芸人の中で唯一の子持ち。他の芸人と違って、まっとうに生きてますね（笑）。

内藤　俺はちゃんとしてるのよ（笑）。だから、今から対談するわけだけど「俺で大丈夫なのかな？」って思ってるよ。だって、和賀とか松崎とか完全にいっちゃってるじゃん（笑）。

西堀　そんな内藤さんの一番の異常性は、山野さんとずっと一緒にいることじゃないかな。何才からコンビ組んでます？

内藤　高1の時からだから16歳から。もう27年ぐらいになるね。

西堀　コンビ組んで27年やってきて、そんなにいい思いしてないのに、ずっと山野さんにコンビの舵を取らせてる。それって端から見たら凄いことだよ。

内藤　俺はちゃんとしてる分、〝芸人〟っていうくくりで言うとまともすぎるのよ。でも、山野だったらトガってる分、爆発する可能性があるから、そっちが主導したほうがいいと思ってるの。

西堀　まだ山野さんにベットし続けてるの？　27年経っても諦めずに。すごいよ、それは。27年間ずっと相方に賭け続けてるわけだから。

内藤　いまだに勝ってないけどね（笑）。

西堀　でも内藤さんは内藤さんで、芸人以外の分野でも仕事を開拓してるでしょ？

内藤　麻雀プロやったりとか、ｅスポーツ（※エレクトロニック・スポーツ）の専門学校の講師をやらせてもらったり。

西堀　生活の糧を芸人に求めてないよね？

内藤　生活の糧を芸人に求めちゃったら今の生活が崩れるから。俺、潰れちゃうでしょ。

西堀　自分の生活のためのベースはしっかり確保しておいて芸人も続ける。そのへんが、内藤さんはちゃんとしてるのよ。
内藤　生活の糧はちゃんと稼いどいて「そのうえで芸人で当たりゃいい」みたいな感じだよね。だって芸人一本にしちゃったら、嫁と子どもが土手で生活することになるから（笑）。
西堀　今回の対談で初めて、自分以外の人のことを考える人が現れたよ（笑）。
内藤　子ども2人いるからね。さすがに家族を路頭に迷わせちゃダメでしょ。
西堀　お金的にはそんなに困ってないもんね。
内藤　嫁も働いてるしね。
西堀　アンケート見て驚いた。初めてだよ「つみたてＮＩＳＡ」やってる芸人って（笑）。和賀とか松崎は、何のことかも分からないはずだよ。内藤さん、やっぱりちゃんとしてる。堅実な人生歩んでる。
内藤　堅実じゃないだろ。27年も売れない芸人やってる時点で（笑）。
西堀　それだけ考えてるなら「お笑いやらなくてもいいんじゃないか？」ってちょっと思いません？麻雀プロとか他の手段で生活の糧を得られてるわけでしょ。
内藤　でも面白くないじゃん。
西堀　そこはみんな共通してる。「芸人辞めたら面白くない」ってところ。
内藤　普通にお金稼げて生活する分には楽だよ、芸人辞めて他の仕事したほうが。でもそれじゃ面白くないんだよね。
西堀　それは何で？　舞台に立ったときの緊張感とか高揚感が忘れられないとか？
内藤　もちろんそれもあるし、周りの芸人仲間も面白いし。あとさ、芸人なら上を目指せるじゃん。今は確かに芸人としては底辺かもしれないけど、上がいっぱいあるじゃん。でも、まともな生活したら〝上〟っていっぱいはないんだよね。

西堀　サラリーマンで一生懸命働いて成功しても、部長とかで満足するしかないもんね。給料だって2倍、3倍って増えていくわけじゃないだろうし。そう考えると、芸人はサラリーマンと比べてギャンブル性が高いよね。

内藤　だから、やりがいがあるんじゃない。

西堀　……ってことはさ、27年ぐらい、ずっと向上心も持ち続けているってことだよね？「売れていこう」っていう気持ちが常にあるってことでしょ。

内藤　当たり前じゃん！

西堀　いや、当り前じゃないんですよ。意外とみんなそうでもないのよ。「今が一番幸せ」っていう奴もいるし。内藤さんみたいに向上心を感じない(笑)。

内藤　「今が一番幸せ」ってダメでしょ。売れてないんだから。

西堀　「売れたらいいな」とは思ってるけど、みんな棚ボタを待ってるわけよ。「ラッキーで出れたらいいな」ぐらいに思ってるからね。

内藤　なかなかラッキーなんてないから。俺たち27年間やってて棚ボタはないからね(笑)。

高校生イケメン芸人からどん底へ

西堀　内藤さんはデビューが高校生でしょ。一番多感な時期にこの仕事をしてるわけですよ。他の人は青春真っ盛りなのに。

内藤　まあ、青春時代を丸投げしてお笑いに注ぎ込んだわけじゃないからね(笑)。高校生のときは部活の延長線上みたいな感じだったから。

西堀　でも高校卒業した時点で仕事にするわけでしょ？　今までは「高校生と芸人」だった肩書が「芸人」一つになるわけでしょ。そこに迷いはなかった？

内藤　なかった、なかった。相方と相談して「どうする？」「このままお笑いやろう」って感じで。

西堀　そのときに2人の〝今後のプラン〟ってあり

ました？

内藤　ないない。それまで高校生の時は「高校生芸人」っていうネームバリューで仕事があるのよ。

西堀　伝説の「高校生イケメン芸人」だからね。

内藤　そう言われてたんだからさ、本当に（笑）。

西堀　「舞台に出てから1分間ネタやるの待て」って言われてたんでしょ？　ファンの女の子の「ワーキャー」が凄くて。

内藤　そうそう（笑）。舞台に立つじゃない。そこからフラッシュたかれて写真撮られて、ワーキャー大変だったんだから。それで1分間「ワーキャー待ち」みたいな。

西堀　すごいところから始まっちゃってるんだよね。ライブシーンの頂点でワーキャーから始まってる。「高校生ブランド」があったからだよね。

内藤　そう！　ブランドがあったんだよ。今考えたらそれは人気あるよ。若いし、かわいいし、それで芸人やってるんだからさ。あの時は「俺たち人気あるな」って、ちょっと勘違いしてたよね。

西堀　そこからだんだん年取っていくわけだからね。

内藤　案の定、高校卒業して「高校生芸人」でなくなったら途端にダメになった。だってもう〝売り〟がないんだもん。

西堀　目に見えてダメになった？

内藤　「あれ、こんなに仕事来ないの？」……みたいな感じ。急にどこからも呼ばれなくなったよね。

西堀　じゃあ芸人生活をグラフにしたときに、芸人始めた高校生の時がピークで、そこから急降下した感じ？

内藤　崖から落ちたぐらいに急降下した（笑）。

西堀　でもさ、成功体験って荷物じゃない？　ワーキャー言われたことがある人間じゃないと分からない寂しさもあったでしょう。

内藤　確かにそれはあったね。

和賀と西堀を地元の小岩でもてなす内藤

西堀　我々なんて泥みたいなところから始まってるから全然平気なの。スタートが酷いから。ワーキャーなんてほとんど経験ない。この間も、対談の仕事終わりに編集者と中華屋で飲んでいたら、帰り際に隣のテーブルで飲んでいたサラリーマンの汚いおじさんが、ドスの聞いた声で「ファンです。頑張ってください」って耳打ちしてきて（笑）。

内藤　声かけてくれたのに「汚い」って言うな！

西堀　『THE SECOND』がオンエアされた後だったし、店には若い女の子もいたのよ。それなのに、俺に声かけてきたのは汚いおじさん（笑）。

内藤　耳元で囁く感じで（笑）。

西堀　そう（笑）。はたから見れば、「お前殺すぞ」って恫喝されているようにも見える。どんなファンなんだよ（笑）。

内藤　マシンガンズも『エンタ』とか『レッドカーペット』とかコンスタントに露出していた時期があ

ったじゃん。

西堀 まあね。芸人始めてからずっと潜って潜って、ちょっとネタブームが来て、また潜って……ですから。ブラパイとはタイプが違うけど、「もう1回あの時ぐらいウケたい」とはどっかで思いますよね。

内藤 もちろん、俺もどっかで「いつかはいけるんじゃないかな」と思ってるからやってるんだと思う。だって、「これ完全に無理だな」と思ったら芸人辞めると思うよ。

西堀 希望的観測はあるわけでしょ？

内藤 「希望的観測」って言うなよ（笑）。

西堀 20何年やってもなかなか厳しいってなったら、端から見たら「もう十分じゃない」っていう見方もあるじゃない？ それに内藤さんぐらい芸人以外で稼げたら、普通の仕事しても稼げると思っちゃうよね。生活力あるし。

内藤 でもさ、西堀……それはさ、いつでもできない？ いろんな仕事があるし、ある程度の額は稼げるわけじゃない。でも、それはいつでも選べる感じがしちゃうの。今じゃなくても。

西堀 結婚して子どもがいても、やっぱり芸人続けたいんだ？

内藤 そうね。だから結婚する時に麻雀プロになったの。さすがにヤバいなと思って。それがよかったのか、今は麻雀番組の司会とか実況とかやらせてもらって生活できてるから。

西堀 そう考えると、芸人と呼ばれる人たちは全然お金になってないものに対して努力してるよね。それを続けるために。

内藤 みんなそうじゃん。芸人で稼げないからバイトして芸人やってるわけでしょ。

西堀 どうしてこんなに儲からなくて、努力の割に報われるわけでもない、〝芸人〟っていう世界にいたいのか、それは何でなのかな？

内藤　西堀は何でなの？
西堀　俺は他のことやったことないのが大きいかもしれない。そもそも、社会にどうやって入っていけばいいのか分からない（笑）。
内藤　土木の仕事とかやってるじゃん。
西堀　それも「芸人やってる」っていう前提があるからできるのかもしれない。
内藤　それはあるね。俺もこれまで結構バイトしてきたけど、バイト一本でやってたらメンタル折れちゃうな。芸人やってて「申し訳ないですけど、生活費稼ぐために渋々この仕事もやってる」スタンスだからできる。そうじゃないとメンタル持たないよね。バイト一本でずっとやってたら「俺、何のために生きてるんだろう？」とか考えて病んじゃう。
西堀　まさに「芸人という病」だよね。芸人って一回やったら辞められないでしょ。
内藤　玉袋筋太郎さんに「もう芸人やった瞬間に足枷ついてるからな。鉄球ついてるんだよ」って言われたことがあるのよ。「もう抜けられないよ」って。今思うと、本当にその通りだなと。
西堀　「芸人」から抜けられない一番の魔力って何なんですかね？
内藤　あれだけの人数が笑ってくれる環境ってさ、他の仕事じゃ味わえないじゃない。何十人も一気に笑うっていう環境はないよ、普通に生きてると。たぶん普通の人も、一度に１００人とか２００人がドカンと笑った瞬間を味わったら芸人になっちゃうんじゃないの。
西堀　あの快楽ってありますよね。ウケる快楽。必ずしも、それでお金になってるわけじゃないんですけどね。
内藤　人間ってさ、「やっぱり笑顔を欲してるんだな」と思うよ。自分も笑いたいし、人が笑ってる顔をこっちも見たいじゃない。俺の価値観だと、単なるお金儲けとかには快楽はないんだよね。人が喜んでくれるほうが快楽がある。

西堀　サービス精神があるよね、内藤さんって。根っからの芸人体質なんだよ。

「俺以外は全員ありんこ」だと思ってる

西堀　話を戻すけど、内藤さんは27年間ずっと相方の山野さんに、お笑いコンビの命運を握らせてるわけですよね。いい時は気にならなくても、良くない時って悪いところが目につくと思うんだけど。

内藤　だってずっと良くないから（笑）。今より下ってないいんだよ。

西堀　今は底の底？

内藤　と言うより、ず〜っと底の底だよ。

西堀　数年間底にいるのなんか当たり前だけど、27年も底に長くいれば、底冷えがくるわけじゃない？

内藤　深海魚と一緒だよ。もう慣れちゃってる。深海にずっといるから（笑）。

西堀　あんまりシリアスに考えないようにしてる？

内藤　理詰めで考えたらヤバいよ。終わっちゃう。

西堀　それって、現実から目を逸らして考えないようにしてるってこと？

内藤　世間一般の基準で俯瞰で自分を見た時に、「お前何やってるの？」って絶対なるから（笑）。そんなのは売れてない芸人みんなそうだよ。売れてる芸人はいいよ、みんなに一目置かれてさ。

西堀　お金も入るしね。

内藤　売れてない芸人に対してそれをやっちゃったら全部終わっちゃうから。「お前何やってんの？」で全部終わっちゃうじゃん。

西堀　確かに終わっちゃう。俺たちみんな終わっちゃう（笑）。

内藤　俯瞰で見たら終わるって……。売れてない芸人って全員、意味分かんないな（笑）。

西堀　たしかに意味分かんない（笑）。

内藤　一生懸命時間使ってネタ作って、電車賃払ってギャラ0でライブ出てさ。俯瞰で見たら「何してんの、この人」だよ。しかもそれでウケないんだよ。ワケ分かんないじゃん。

西堀　でもどっかで「当たるかもしれない」っていうのがあるから芸人続けられるんじゃない？

内藤　芸人っていう商売は、「当たるかもしれない」を除いて現実の部分だけを切り取ったらアウトでしょ！　だって、生産性ゼロだもん。

西堀　堂々と言っちゃった（笑）。

内藤　現実だけ見たら芸人なんてやってられないよ。

西堀　容赦なく現実を突きつけてくる人もいるじゃない、売れない芸人に対して。

内藤　俺は人の言うことは無関心。俺以外の人間は「全員ありんこ」だと思って生きてるから。

西堀　自分以外みんな、ありんこですか（笑）。

内藤　ありんこだったら何言われても怒らないでしょ。全部許せる。だって、ありんこが何か言ってるだけだから。

西堀　芸人は何に見てるの？

内藤　ありんこ。

西堀　俺たちもありんこ!?

内藤　嫁もありんこ、子どももありんこ。全員ありんこ（笑）。

西堀　周りみんなありんこだらけじゃない（笑）。

内藤　そう思えば余計なこと言われても何も思わない。何言われても「何言ってるんだ、こいつ」で終わっちゃうから。20年前からそう思って生きてる。

西堀　内藤さんには何か信念みたいなものを感じるわ。全然後悔の念がないよね。前向いてるよね。

内藤　当たり前じゃん。

西堀　でもどん底にいるんでしょ。

内藤　どん底。深海魚だもん。

西堀　そのメンタルって鋼《はがね》じゃない。一番底辺にいるのに前向いてられるって凄いよ。

内藤　メンタルだけは常日頃強くしていこうって思ってる。だってさ、どんなに金持ちでもメンタルやられたら終わるんだよ。でも、自分の気持ちが前向いてたら金なくても楽しいじゃん。

西堀　前向きだな〜。間違いなくメンタル鋼だよ。

内藤　売れてない芸人が後ろ向いてたら、マジで終わるって（笑）。

部長になるより芸人で当たる確率のほうが高い!?

西堀　結局、売れるかもしれないし一生売れないかもしれない――。我々芸人は、ギャンブラーなんですかね？

内藤　でも、宝くじよりは当たる確率高いよね。

西堀　自分に賭ける強さはあるよね。でも年取ってきて芸歴長くなると達観してきません？　どこかに「ま、売れねーだろうな」っていう気持ちもあるでしょ？　諦めも入ってくるような気がするんだよな。

内藤　でもみんな辞めない。確率ゼロじゃないから。

西堀　リアルにどのぐらいの確率だと思います？　自分たちが売れる可能性は？

内藤　う〜ん……「10％」あったらいいんじゃないかな。

西堀　10分の1？

内藤　俺たちぐらいの芸人が10人いて、一人当たればいいぐらいの確率だと思う。でも、10％あれば賭けてもいいんじゃないの。

西堀　サラリーマンで部長になる確率は10％ないはずだからね。

内藤　俺いつも思ってたの。普通の会社に入って部長クラスまでいくのは何人いるんだと。10人に１人もいないよね。

西堀　じゃあ芸人にはロマンがあるんだ。

内藤　ロマンだよ！

西堀　ロマンしかないとも言える（笑）。

内藤　うちは貧乏で、子どもの頃は家に風呂がなかったの。だから、兄貴も俺もどっかで「一発当てたい！」「まともな仕事はしたくない」っていう欲望が強かったよね。

西堀　確かに内藤さんはまともな仕事してないけど、兄貴はまともじゃない。まともどころか、上場企業の社長じゃない。

内藤　一発当てたよね（笑）。

西堀　それも超特大の一発でしょ！　かたや弟は「伝説の高校生芸人」だけど（笑）。売れない芸人と上場企業社長って格差ありすぎだろ。

内藤　それも気にならない。俺以外みんなありんこだと思ってるから（笑）。

西堀　内藤さんはマネージメント力はあるよね。芸人辞めちゃったら当たる確率はゼロになるけど、続けてれば跳ねる可能性もある。そこはやっとくけど、生活の基盤は別のところに置くっていう。ちゃんと自分の生活をマネージメントできてるよね。

内藤　本当言えばね、もっと全力でお笑いに向き合わないといけないんだよ。借金してでも。でもそこのフェーズはちょっと超えちゃった気がするんだよね。結婚もしちゃったし子どももいるし。「じゃあどうやって芸人を続けるか」ってなったら、今の選択肢しかなかったなと思う。

西堀　「続ける」が目標になってきますよね。

内藤　芸人でいたいからね。

西堀　「売れるかも」っていう可能性が残ってる限りずっと続けたい？

内藤　「可能性ゼロだ」ってなった時でも普通に生活できるんだったら芸人やるかもしれない。「辞める」っていう選択肢はなかなか出てこないかも。

西堀　内藤さんって、お笑い以外はリア充だよね。

友達も多いし、家族もいるし、ちゃんと生活できてるし、楽しそうだもん。ただ、お笑いだけが大変そうなんだよ。

内藤　だからいいんじゃない。大変だからいいんじゃない。これ簡単だったら面白くないでしょ。

西堀　お笑い辞めたらハリがなくなっちゃう？

内藤　何のために生きてるのか分からなくなっちゃう。だって人生の半分以上お笑いやってるからね。

西堀　誰からも頼まれてないのに（笑）。

芸人こそ理想の生活？

西堀　なんか内藤さんって怖いところがあるんだよな。さっきの俯瞰で見る話じゃないけど、「分かっているのに芸人やるんだな」っていう怖さがあるんだよね。みんな目を逸らして進むじゃない？

内藤　逸らしたことも何度もあるけど、逸らしたら終わっちゃうから。マジで終わっちゃう。それこそ結婚してからは特に目を逸らしちゃいけないなと思うようになった。

西堀　そこまでしてもお笑いはお笑いでやりたい。金稼ぐだけなら他のことでもいいんだもんね。

内藤　だからメンタルを強くしないといけないわけ。

西堀　現実は現実として、ちゃんとそれを見ながら芸人やってるのって凄いですよ！

内藤　どこを見るかだよ。上見ちゃったらきりないじゃん。どこで自分が満足できるかでしょ。今の生活に幸せを感じるならそれでいい。

西堀　他に芸人みたいな仕事ってありますかね？

内藤　ないよ。芸人やってると他のことが面白くない。そもそもお金でやってるわけじゃないから。お金稼げてないけどやってるわけだから、「辞める」っていう選択肢はない。

西堀　でも芸人は苦しいこともあるじゃない。芸歴が20年超えてこの歳になっても、ライブの本番前に緊張でえずいてるみたいなさ。

内藤　それでネタやって、ギャラで300円ぐらいもらってさ。ワケ分かんないよね（笑）。

西堀　それって、おじさんがサウナ入ってビール飲むのと一緒かもしれない。緊張してステージやって報われたときの快楽はないもん。

内藤　終わった後すごいスッキリするよね。フワッと体重が20キロぐらい軽くなった感じするよ。

西堀　たしかに達成感がある。それでみんなで酒飲みにいって。ライブに出るほうが金かかるもん。

内藤　赤字だよね。大マイナスだよね。

西堀　そんなふうに売れない芸人を27年やってるのって、改めてぶっ壊れてますよね（笑）。将来を期待されたエリート高校生芸人でこの世界入って、人気あったのにそこからどん底まで落ちて。全部分かったうえでまだ芸人続けてる。そこに狂気を感じる。

内藤　16歳の時からずっと深海だったら辞めてたかもしれないけど、一度知ってるから。ちょっと売れた楽しさとか、その気持ち良さを知ってるから。それをもう一回味わいたいって気持ちなのかも。

西堀　「スポットライト症候群」だっけ？　一回でもスポット浴びた輝かしさを知ってると、一生ついてまわるっていうからね。

内藤　スポットライト症候群って松田聖子クラスが言うんじゃないの？

西堀　たしかに。松田聖子と比べたら全然当たってねーじゃねーかって（笑）。

内藤　考えるな、考えるな。考えると辞めちゃうよ。

西堀　アブない、アブない。

内藤　普通に生きてたら、ワーッて100人が笑ってくれることなんてないからね。

西堀　100人の笑顔のスポットライト。

内藤　シャレたこと言うね～（笑）。

西堀　学園祭で主役をやったみたいなお祭り気分。

ステージに出てる時は自分が主役だからね。

内藤　あんなに注目されることもないもんね。

西堀　その瞬間だけは、世の中の中心にいるような感じ。それが気持ちいいのかもしれない。

内藤　それに芸人って、普通の仕事やるよりはストレスがないかもしれないよね。

西堀　そう考えたら芸人ってストレスないね。芸人同士って上司でもないしライバルでもないし。売れてりゃ奢ってくれるけど。

内藤　芸人は人間関係のストレスがゼロだよね。

西堀　ひょっとして我々芸人のライフスタイルって、世間の皆さんが目指してるものに近いんじゃない。好きなことして生きて。出世よりも自分の時間を持って。我々って時代の先頭に立ってるんじゃない？

内藤　たぶん稼いで金持ってる人は俺たちみたいな生活するんだよ。でも俺たちはもうやっちゃってる。先乗りしちゃってる。金はないけど（笑）。

西堀　スローライフが流行る何十年も前から、芸人の界隈ではもうやってるから（笑）。

内藤　売れてない芸人って普通の人が見たら「しんどそう」と思うかもしれないけど、自分たちは楽しんでるんだよね。

西堀　そういう俺たちを見て、みんなうらやましそうにしてくれることもあるし。俺のＹｏｕＴｕｂｅチャンネル見て、「和賀さん楽しそう」とか「松崎さん幸せそう」とか言ってくれるもん。

内藤　実はみんな羨ましいんだよ（笑）。人間なんてさ、１００円、２００円の安酒飲んで笑ってるのが一番幸せなんだよ。でも普通の人はそれができないから。怖いもん、そんな生活（笑）。

西堀　でも逆に一度ハマっちゃったらもう抜けられない。それが「芸人病」なんだな……。

よし、帰ろう！

内藤　芸人は現実の部分だけを
切り取ったらアウトでしょ！
生産性ゼロだもん。
西堀　堂々と言っちゃった（笑）。

世間の目を気にして恥を噛みしめながら生きる男

File.05 ―― ブラックパイナーSOS 山野拓也

File.05	山野拓也(ブラックパイナーSOS)

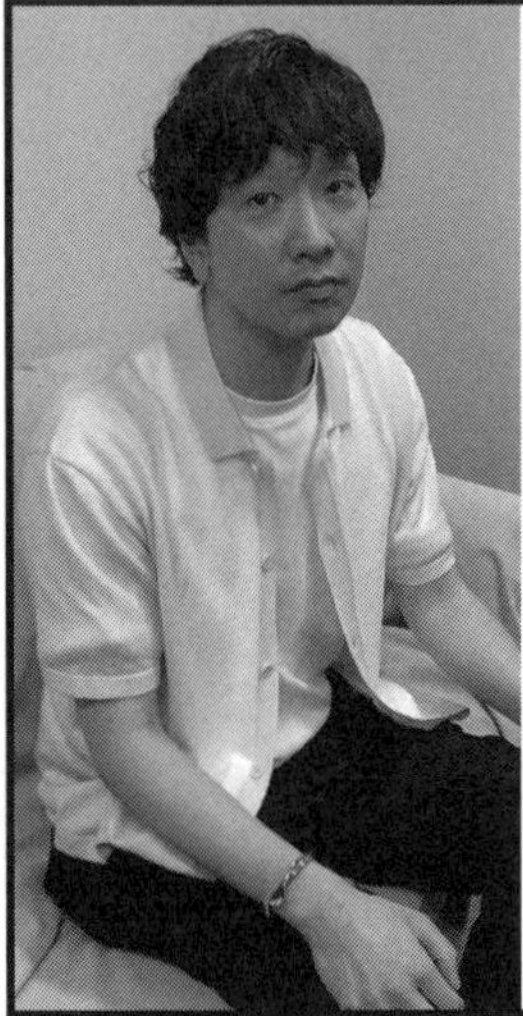

(やまの・たくや)1979年生まれ、千葉県出身。高校在学中の1995年10月に同級生の内藤正樹と漫才コンビ「ブラックパイナーSOS」結成。ネタおよびボケ担当。デビュー当初"高校生イケメン芸人"として人気を博す。『ボキャブラ天国』出演時には、司会のヒロミから「下目黒二丁目」に改名させられた時期も。先輩の有吉弘行のラジオ番組にアシスタントとして山野が出演した際に「イノシシタロウ」への改名を命じられたことがある。現在、超難関の「司法試験」に挑戦中。YouTube「ブラックパイナーSOSチャンネル」が好評。

山野の家計簿

1か月の収入	25.3万円 (芸人としての収入2.5万円/その他収入22.8万円)
家賃	78,000円
光熱費(ガス・水道・電気)	15,000円
通信費(スマホ・自宅Wi-fi)	10,000円
食費(外食・飲み代含む)	40,000円
遊興費	40,000円 内訳)洋服(ユニクロ・GU・ZARA):20,000円、小物(通販):15,000円、参考書・文房具:5,000円
その他支出	なし

収入:25.3万円	支出:18.3万円	計:+7万円

山野に聞きたい8つのこと

❶ 現在の貯金額は？……180万円

❷ これまでの芸人としての最高月収は？……45万円（2000年頃）

❸ 芸人デビューして以降のバイト遍歴……コンビニ店員、警備員、パソコン入力、居酒屋調理場（15年ぐらい）、実家の化粧品手伝い（現在）

❹ これまでの人生で一番大きな買い物は？……コート（約5万円）、ジャンパー（約6万円）

❺ あなたにとってのプチ贅沢、ささやかな幸せは？……ユニクロの限定コラボの洋服を発売日に定価で買うこと。

❻ 金がなくてもこれだけはやめられない？……めっちゃ嫌だけど、女の子とご飯に行ったら奢ること。

❼ 月に幾ら収入があればよい？……50万円

❽ こうすれば金が貯まる？　どうする？……酒を飲まず、洋服を買わず、司法試験に受かる。

物件情報

家賃：78,000円

都内築18年マンションの2階、10畳1DK、風呂・トイレ

実録!!　山野流「スーパーの半額メシ」バズレシピ

スーパーの閉店間際に売り場に並ぶ「半額セール品」は金のない売れない芸人の強い味方。そこで半額セール品を買い溜めした山野だが、“賞味期限”という壁が立ちはだかる。「半額セール品を買い溜めしたい、しかし賞味期限が短い」この問題を解決するために山野が挑んだのが「山野流半額メシ」。半額セール品を冷凍保存しておき、レンジで解凍して炒めてチャーハンに。この日は「サーモンたっぷり丼」にイカと卵、切り分けして保存しておいた野菜（白菜、キャベツなど）を入れて作るチャーハン。さすが居酒屋の調理場でのバイト経験が長い山野だけあって料理の手際も鮮やか。食べた感想は「めっちゃ美味い！」（山野談）。酒は、これもスーパーで買ったガリを焼酎に入れて炭酸で割った“ガリサワー”。「スポーツドリンクみたいな爽やかな味」（山野談）。安くて簡単にできる山野流半額メシ。金のない半額メシ男子の強い味方だ。

稽古場行く時は、ちょっと四谷三丁目の駅から
早歩きしてる自分がいる(笑)。

——山野拓也

自称「0・038発屋」芸人

西堀　内藤さんに続いて、今度は山野さん。ブラパイさんはコンビ組んで27年間でしょ、解散とかの話になったことはないの？

山野　ないかな。

西堀　それは信頼？　それとも単純に長いから？

山野　単純に辞めるタイミングを失ったんじゃないかな。もし辞めるなら高校生終わった瞬間に辞めてたと思う。でももうそのタイミング失ったから辞めないっていう感じ。

西堀　高校生の時に辞めなかったのは「このまま芸人で食っていける」っていう自信があったから？

山野　当時は固定給があったからね。安いけど。

西堀　食えるぐらい？

山野　食えないけど給料はあった。一番初め7万5000円だったんだよ。ほとんど仕事なくても7万5000円もらえるし、ちょっと営業行けば特別手当もらえたから。

西堀　それが固定給じゃなくなったのは？

山野　高校卒業して2年ぐらいは固定給があったけど、土田（晃之）さんが「歩合にしろ」って事務所と交渉して。当時「ボキャブラブーム」で他の事務所の芸人は何百万とかもらってるのに、太田プロは固定給だったから「ちょっとどうなってるんだ？」ってことで。

俺らは給料制だから、事務所にすれば「こいつらにどうせ給料払うなら何か仕事入れたほうがいいだろ」ってことで仕事もらえてたのに、歩合制になった途端に一気に仕事はないし、金はないし。「土田さ～ん、やめて～」と思ってても言えないし（笑）。

西堀　転落が早いですね（笑）。

山野　ピークもないけどね。一応ピークを探すなら、高校生芸人時代がたぶんピークだと思う。

西堀　出だしが良すぎるぐらい人気でしたもんね。「ワーキャー」言われて、アイドル並みに。

山野　でも一発当てた感じもないから「0・1発屋」っていうか、厳密に計算すると「0・038発屋」ぐらいかな（笑）。

西堀　それでもずっと続けてきたわけでしょ？

山野　マシンガンズだってそうじゃん。俺らは高校の同級生だけど、マシンガンズは元々、それこそ何の関わり合いもない2人じゃん。別れるきっかけなんて全然あるじゃん。

西堀　『レッドカーペット』とか『エンタの神様』のブームがなかったら辞めてますよ。あそこでちょっとだけお金入ったから、その後の〝続ける理由〟になってるだけ。

山野　マシンガンズは「0・7発屋」ぐらいはいってるもんね。

西堀　怖いわ！　なんで、売れた数値を厳密に出すのよ（笑）。でも、売れていなくてもお笑いで生きていくのって楽じゃないですか。

好きなことやってるわけだし、ネタやればお金くれるし。そんなバイトないもん（笑）。

ガチで自分たちが売れる確率は3％

山野　マシンガンズって、マジで昔すげ〜つまんなかったじゃん。シンプルな漫才でつまんないしウケないし。「何やってんだ、この2人」と思った。自分でも思わない？

西堀　型にハマった漫才で、2人ともおぼつかない漫才やってた（笑）。

山野　それが、ある日突然面白くなったんだよ。「こんなパターンあるんだ」と思った。

西堀　2人で怒りだしたらウケるようになって、初めてキレネタやったときの太田プロライブでいきなり1位になったんですよ。

山野 自分たちに合う型を見つけたんだろうね。俺らも自分たちに合う型を見つけないと――とは、思ってやってる。

西堀 何年探してんだよ！

山野 27年かな。

西堀 長すぎるだろ（笑）。

山野 あれってさ、何年経ったらもう見つからないっていうのあるんだっけ？　お笑いの時効っていうの？　だいたいみんな10年ぐらいで見つかるものなの？

西堀 知らねーよ！

山野 もしかしたらもう見つかってるけど、世間が追いついてないっていう可能性もあるかもしれない。だって有吉さんってずっと面白かったけど、世間的には「終わった人」みたいに一回思われたりしてたじゃない。もしかしたらそのパターンもあるかも。

西堀 もしかしたら自分たちの型ができあがってるかもしれないけど、世間がついてきてない？

山野 だから2パターンあるから。今から自分たちが世間にウケるものを見つけるか、逆に世間が俺たちを見つけてくれるか――その両輪でやってる。

西堀 無理やりいいように言ってない？

山野 言ってる（笑）。

西堀 相方の内藤さんはね、結構ポジティブだったの。今楽しいからやってるし、これから当たる可能性もあると思ってやってる。

山野 よくそんな恥ずかしいこと言えるなあ（笑）。

西堀 山野さんは芸人としてこれからブラパイが売れる確率って何％くらいだと思う？　内藤さんは10％だって。

山野 大きく出たな（笑）。10％ってすごいからね。10％はヤバいよ。高すぎるよ。

西堀 世間から見たら低いよ！　10％しか売れる確率ないのに何年続けてるのって思われるよ。

山野　俺らが売れる確率なんて10％もないよ。
西堀　じゃあ何％？
山野　謙遜とかなしで普通にガチで言うと3％だな。
西堀　100組いて3組でしょ。残りの97組に入る可能性のほうが全然高いよね。確率で言うと。
山野　3％でも可能性はあるんだよ。だってマシンガンズも『THE　SECOND』でウケたからね。ネタが一切進化していないのに。
西堀　時代が追いついたんだよ！　俺たちのネタをぎゅっとしたら、6分ネタ2本分しかなかったわ！
山野　『THE　SECOND』で決勝まで行ったから、とんでもないもの見つけたのかなと思ったら、まったく昔と同じだったという衝撃（笑）。
西堀　もう何十回も見たことあるやつ（笑）。
山野　「この間さ〜」って15年前のお決まりみたいな漫才。「滝沢ちょっと聞いてくれよ」って、もう何万回も聞かせてるだろって（笑）。

43歳で売れていないというコンプレックス

西堀　シンプルに聞いてもいいですか？　何で芸人続けてるんですか？
山野　逆に辞めてる人は「よく辞めたな、偉いな」と思う。芸人って依存性があるし。
西堀　どういうところに依存性あります？
山野　いまだにどんな小っちゃいライブでも、めっちゃウケると2〜3日ニヤニヤしてるよね。
西堀　やっぱり「ウケる」ってすごいですよね。
山野　それこそ一発屋の人って俺らよりめっちゃウケてるから、「あんなの味わっちゃったらもう辞められないだろうな」と思う。
西堀　単純にウケることが気持ちいい？
山野　気持ちいいね。その日家帰って風呂とか入ってる時に思い出してニヤニヤしてる。
西堀　ウケたからって別にお金もたいしてもらって

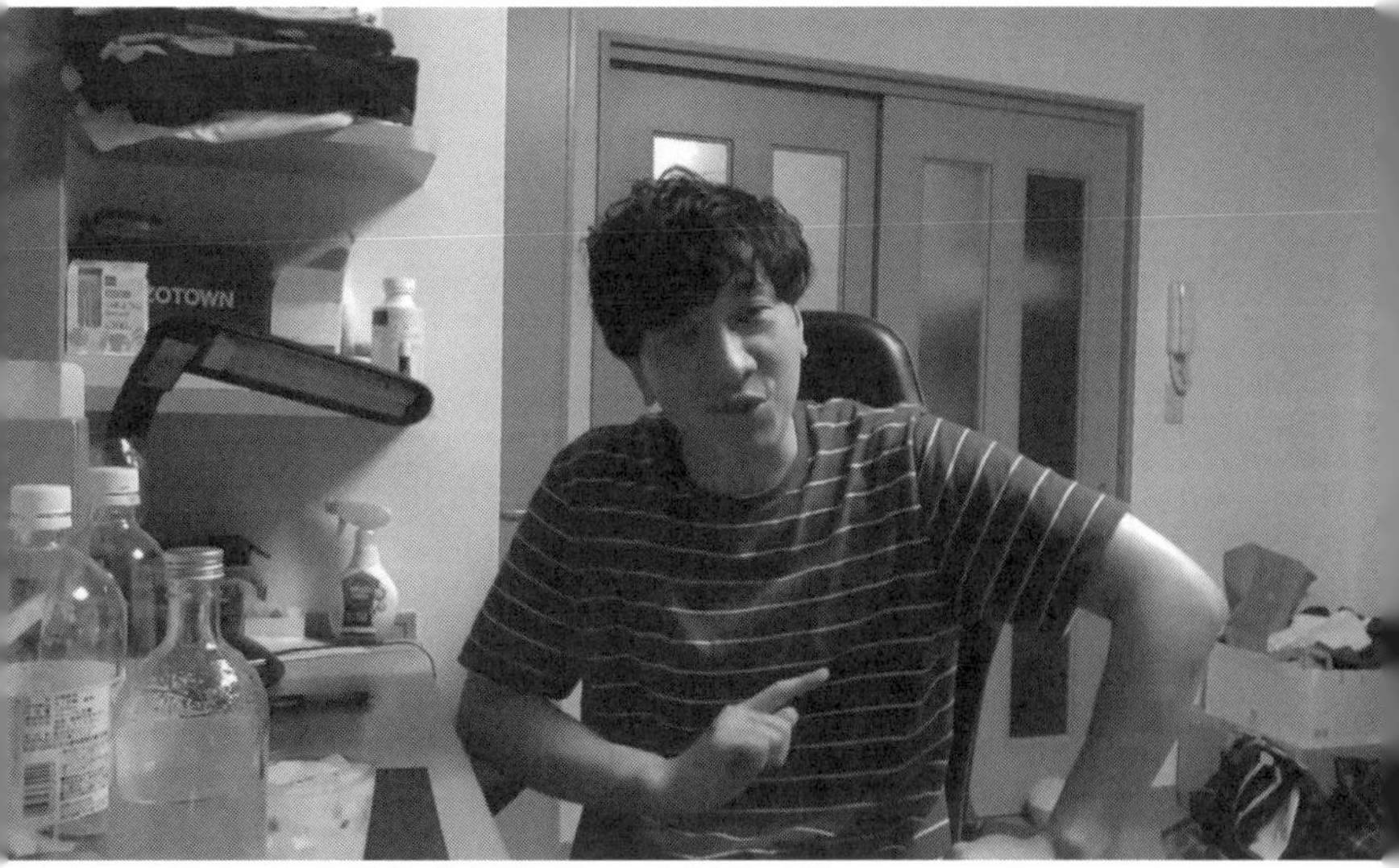

芸人でいることの絶望と快楽が入り混じった人生を送る山野

るわけじゃないのにね。

山野　ネタ作ってる時にも「何でこんな面白いこと思いつくのかな」と思う（笑）。これはね、本当自分で驚いちゃうぐらい楽しい。

西堀　ネタ作りの段階から楽しんでるじゃないですか。コンビでやってるのに関しても、売れたいのももちろんあるだろうけど、楽しいからでしょ？

山野　楽しいからってわけでもないけどね。でも、稽古場行く時は、ちょっと四谷三丁目の駅から早歩きしてる自分がいる（笑）。

西堀　楽しみにしてんじゃねーかよ！　早歩きして稽古場に行くって、初めて聞く日本語だよ（笑）。

山野　やっぱり楽しいのかも。

西堀　話変わるけど、今回のメンバーに「月いくらあればいいか」って聞いたらだいたい30万円なの。でも、山野さんだけ50万円。

山野　40歳過ぎていると、世間的に「平均年収

600万円いってたらいいかな」みたいなこと言わない？　そうやって考えると逆算で月50万円かなと。

西堀　ブラパイさんって、2人とも世間の情報が入ってますよね。世間一般の動向とか常識とか、たとえば平均年収にしてもそうだし。

山野　俺ら以外は情報が遮断されているの？

西堀　自分で遮断してるのかもしれない(笑)。あれ、この人は檻から出てきたのかなと思うぐらい。みんな我関せずだもん。

山野　今流行りのマッチングアプリだって、「やんないの？」とか言われるけど、口では「別にやりたくない」とか言ってるけど、本音を言えば年収がないから参加できないなと思うだけなの。

西堀　引け目があるってこと？

山野　これで俺が年収1000万とかだったら、登録して「いい女いないな」とか言えるじゃない。でも、今の俺だと「何こいつ」みたいに思われるでしょ。「43歳で売れない芸人」なんて書けないし。

西堀　芸人としてあんまり世に出てないってことがコンプレックスってこと？

山野　43歳で売れない芸人やってること自体がめちゃくちゃ気持ち悪いじゃん。「25歳、売れる可能性信じてやってま～す」はまだいいけど、「43歳、まだ売れると思ってやってま～す」はさ……「はぁ？　意味分かんない」ってなるよ。

西堀　変な風に思われるんじゃないかってこと？

山野　怖いと思う。俺が女だったら怖い。

西堀　そこまで自分を客観視できてるのに、何で芸人続けてるの？　人の目よりもやりたい気持ちのほうが勝つってこと？

山野　性癖とかと一緒じゃないかな。性癖ってさ、めちゃくちゃ変なことしても人にバレないようにやるじゃない。俺もバレないように、こそこそお笑いやってるだけ。

西堀　世間の常識から外れてることが恥ずかしいってこと？

山野　恥ずかしいでしょ。当たり前じゃん。

西堀　初めてだよ！　今回のメンバーで「恥ずかしい」って言える人（笑）。

山野　今、実家の化粧品販売店でバイトしてるけど、母親が恥ずかしいだろうなと思う。お客さんに「息子さん、おいくつですか？」とか言われて「43です」とか言うと、みんな押し黙るんだよ。何て声かけていいか分からずに。自分が母親だったら絶対恥ずかしいよ。

西堀　卑下し過ぎだよ！　そんな風に思ってないよ、みんな。

山野　そんな風に思い過ぎてる俺もヤバいけど、何も思ってない奴が一番ヤバい。思い過ぎてる奴が2番目にヤバい。だから俺は2番目のヤバいだから、まだマシと思っちゃう（笑）。

西堀　その苦しみは、和賀とか松崎みたいに乗り越えて「解脱」すると楽になれるんですよ。あいつらは、「悩む」っていう発想すらないもん。山野さんは一番考えてるし、悩んでる……。

山野　何か世間一般のギリギリのところで踏みとどまろうとしちゃうのかも。お金もないのに洋服だけは買おうとか、この髪型じゃ外出歩けないとか。誰も見てないのに。落ち切れてないというか……。

西堀　和賀とか松崎って、「見られること」すら卒業してますからね（笑）。

山野　俺はどっかで女の子の目線を気にしてるんじゃないのかな。そこが解脱できない原因かも。

西堀　やっぱりモテたいのがある？

山野　いや、めちゃくちゃあるでしょ！

西堀　山野さんって比べる軸が〝普通の人〟ですよね。世間一般の人。世間一般の43歳から下回ってるから恥ずかしいわけでしょ？

山野　恥ずかしいよね。
西堀　それが凄い！　ちゃんと社会と向き合ってるもん。
山野　たとえば女の子とご飯行った時に本当は割り勘にして欲しいけど、どうしても言えないよね。43歳にもなって、飲み行こうよとか言っといて「じゃあ割り勘ね」って恥ずかし過ぎて。
「嫌われてもいいや、言おうかな」と思うけど、お会計の間際になると「ああ、いいよいいよ」って言ってる自分がいる。
西堀　自分が売れていない芸人っていう前提なら、平気で「割り勘ね」って言えるはずだけど。
山野　会計の直前まではそう思ってるよ。でも、言えないのよ。
西堀　そこは「芸人」という肩書にすがってみてもいいんじゃないの？
山野　俺は女の子に「芸人」って言わないから。恥ずかしくて。
西堀　何で？
山野　「43歳で売れない芸人やってます」って言えないって。でもそこで「化粧品関係の仕事をやってます」って言ったら、今度は逆に割り勘って言えないでしょ。
西堀　でもいつか破綻が来るでしょ？
山野　だからもう会えないの。お金がもたないし。
西堀　二度と会えないってめっちゃ悲しいじゃん！
メッキが剥がれちゃうから二度は会えないって、いやそれは切なすぎるだろ！
山野　最初に「芸人です。売れてないです。43歳でバイトもやってます」みたいな感じで言えれば楽だし、いいんだけどね。
西堀　言ったことある？
山野　あるけど、そうは言ってもある程度は収入あるのかなとか思われてる気がして、お会計になったら「まあいいよいいよ」って言っちゃうんだよ。「どうしよう今月」……とか思いながら（笑）。

西堀　「理想の自分はこうあるべきだ」と思ってるからじゃない？　43歳の男はこうあるべきだし、それができないのは恥ずかしいと。なりたい自分になれてないってことですか？

山野　そりゃそうでしょ。今の状態がなりたい自分なわけないだろ！　はっきりと言わせんなよ、恥ずかしいなあ（笑）。

西堀　でもみんな、どっかで折り合いつけるじゃない。あんまり自分のこと嫌いだ嫌いだって言ってると悲しいでしょ？

山野　嫌いではないんだよ。「こんなはずじゃない」と思ってるだけ。「お前こんなんじゃないだろ」って。もがいちゃうというか、恥ずかしいんだろうね。

西堀　今までで一番〝比較対象の相手〟が強いよね。同世代の割と勝ってる人と自分を比べてるじゃない。

山野　「平均年収でこれぐらいはないと」って聞くとさ、「あ、そうなのかな」と思っちゃうし。

西堀　世間とまだ関わってるよね。世間を気にしてる。社会の一員だっていう自覚がある。

山野　そう言われると、「宇宙船地球号」の乗組員だっていう自覚はある（笑）。

西堀　他の奴らは地球飛び出して、もはや宇宙にいるもんね（笑）。

〝芸人生き地獄〟の毎日

西堀　一般の人って、芸人に対してはナチュラルマウントを取ってくるじゃない。「もっとテレビ出なよ」とか。芸人が傷つくようなことを言ってもいいみたいな風潮がありますよね。

山野　1年ぐらい前まで居酒屋のバイトやってたけど、あれはキツかったよね。店長とか変わるたびに聞かれるわけ。

「え、何かお笑いやってんの？　事務所どこ？」
「太田プロです」
「いつテレビ出るの？」
「ちょっと予定とかないんですけど」
「デビューとか決まってんの？」
一般人は芸人って言ったら、テレビに出てる芸人を思い浮かべるから。
西堀　バイトしてる時点で〝テレビに出てない〟って分からないのかな（笑）。
山野　変に空気読めるっバイトも嫌だけどね。「あ、そういうの聞いたらかわいそう」みたいな。
西堀　「ダメだよ、お笑いの人にそんなこと聞いたら」――みたいに言われるのも嫌だよね。あれ言われると、逆に傷つきますよね。
山野　だから、自分が芸人やってるって基本言わないようにしてる。「化粧品関連のことをちょっとやってます」って言うようにしてる。
西堀　ブラパイさんは27年もやってるだけに嫌なことも多かったでしょう？
山野　事務所に毎日、次の日の仕事の確認の電話するのが本当に嫌だった。「明日仕事ありますか？」って聞かなきゃいけないのが……。
「仕事ないです」って言われるのが分かってるのに、毎日電話しなきゃいけないって本当につらいよ。
西堀　今はなくなりましたけど、太田プロのあのルールは本当に嫌でしたね。電話しないと「何で電話確認しないんだ」って怒られるし。仕方ないから電話すると「仕事ないです」って言われて……。
もう、意味分かんねーよ（笑）。
山野　俺らも3年ぐらい前までずっと、毎日電話してたから。絶対仕事ないの分かってるのに。
西堀　そもそも仕事ある芸人には事務所のほうから連絡が来るからね。こっちから連絡しなくても。
山野　「あ、もしもしブラックパイナーＳＯＳの山野ですけど、明日の確認お願いします」って言うだけでも凄い嫌。

「はい、ないです」って呆れた感じで言われたりすると、「もう必要ない人間ですよ」って言われてる気がして悲しい気持ちになるんだよ。

西堀　それでも毎日電話しないといけないって、生き地獄だよ。

山野　また、バイトの途中に電話するのが大変なんだよ。売れてないから後回しにされて、ず～っと保留音なの。「2分も保留だけど、これ切ったら怒れるしな」とか思って待ってる。「今俺バイトの休憩って抜け出してきてるのに」とか思いながら……。

西堀　じゃあ、20何年間もずっと電話し続けてたってこと？

山野　つい2～3年前まで毎日。

西堀　メンタルやられるわ！

山野　だから、すげ～楽になった。電話しなくてよくなって。マジで死ぬほど嫌だったもん。

西堀　毎日地獄だよ、それは。

山野　電話も嫌過ぎるから、だんだん噛むようになってくるんだよ。「ブラックパイナーSOS」とか言えなくなってくるの。怖くて。

「ブ、ブラックパ、パイナー…エ、エスオーエス」みたいにちゃんと言えなくて（笑）。

西堀　仕事ないし噛んでるし（笑）。

山野　電話切った後で「あいつ、自分のコンビ名なのに噛んでたよ（笑）」とかイジられてるんじゃないかって……。もう恐怖だよ。

西堀　何だかんだ言っても、結果が出ないとダメだと思われちゃうもんね。言い方悪いけど、芸能事務所では「売れないと人権がない」みたいなところがあるよね。

山野　だって俺がもし売れてたら、一個一個の言葉に重みがあるけど、売れてないから重みないもん。

何言ったたって、経営者でも成功した人が語ると「なるほどな」と思うけど、平社員がいくらいいこと語っても「何言ってんだ、こいつ！　分かってねーだろ」ってなるから。

西堀　一度でも成功体験がないとあれですよね。

山野　経営者とかでも、たまたま一回経営成功しただけで「人生とはな——」みたいなこと言う奴いるじゃん。でも、成功しているから深みが出るのよ。

西堀　大したこと言ってなくてもね（笑）。

山野　「当たり前のことやるだけですよ」とか偉そうに語ってさ。心の中で、「うるせーよ！　たまたま一回成功しただけだろ」って（笑）。

西堀　「お前なんて、ただのラッキーじゃねーか、バカヤロー！」って。

山野　でも成功しちゃってるから言えないし、正しく見えるし。

西堀　俺たちが「人生とは」とか「お笑いとは」なんて語っても、「何言ってんだ、こいつ売れてねーのに」で終わっちゃう（笑）。

ネタの力より金の力

西堀　それにしても、昔と比べて今は〝芸人人口〟が多いですよね。ＮＳＣ（吉本総合芸能学院）の人数だけ考えても東京、大阪で毎年１０００人とか２０００人とかいるでしょ。……てことは、そのぶん、お笑い志して挫折した奴もいっぱいいるってことになるんですよ。だから、我々って芸人続けてるだけでもすごいのかな。

山野　すごくはないと思う（笑）。でも、もし芸人辞めたとしても、お笑いの世界を遮断することって無理じゃない。テレビとか見ちゃうから。「この人売れてるわ」とか「今俺だったらこれ言うかな」とか。面白いこと言おうとしたりしてさ。

西堀　しちゃう、しちゃう（笑）。

山野　ってことは、俺らは一生お笑いから逃れられないってことだと思う。
西堀　今辞めたらコンプレックスを一生抱えて生きていくことになりそう。テレビ見るたびに、〝俺が成功できなかった世界〟が常に流れるわけだから。
山野　だから万が一辞めたら、なるべくお笑いと関係ない仕事をやるだろうし。
西堀　弁護士とか？　山野さんって、司法試験受けてるんですよね。弁護士が好きだから？
山野　別に好きじゃないよ。
西堀　何で好きでもない司法試験にチャレンジしてるの？
山野　もう4～5年やってるから、今から新しいことを始めるよりは、司法試験なら4～5年分の知識のアドバンテージがあるじゃない。だから、今辞めたらもったいないかなと。
　芸人も一応27年分のストックがあるわけだから、辞めなくてもいいかなと。司法試験辞めないのも、芸人辞めないのと一緒。
西堀　司法試験って、どれぐらい受かるものなの？
山野　全体で受かるのが4％ぐらい。
西堀　ブラパイが売れる確率よりは高いよ！　可能性ありますよ。
山野　俺らが売れる確率って司法試験より難しいのか⁉　自分で言っといて何だけどさ（笑）。
西堀　超難関国家試験より難しいって何だよ！　もう芸人辞めて弁護士になったほうがいいんじゃない。
山野　でも、芸人と弁護士を同じ土俵で比べてる時点で間違ってる気がする（笑）。
西堀　でも山野さんはお笑い辞めたら、別の道で成功しない限り俺たちに会いに来ないでしょ？
山野　2パターンあるじゃない。完全に連絡を絶つタイプと、仲良く交流を続けるタイプと。
　俺は絶対に連絡を絶つと思う。会いたくないもん。

どんな顔して会ったらいいか分からない。

西堀　山野さんはもし自分が成功したとしても、俺たちが売れてなければ会いに来ないと思う。苦労を知ってるから。

山野　何で俺が辞めたところ想像してるの？

西堀　山野さんが今回のメンバーの中で一番葛藤してるから（笑）。

山野　辞めないよ、もう27年もやってるんだから。「ウケてる」っていう快感も知っちゃってるし。

西堀　あの快感があるから辞められない。

山野　でも俺思うんだけどさ、お金持ってるとウケるようになるんだよ。

西堀　〝金持ってるとウケる〟ってどういうこと？

山野　「金の力って凄いな」と思ったのは、仕事でＩＴ会社の忘年会でネタやったときに、最初は全然ウケなかったの。

それで、ネタの最中に内藤の兄ちゃんがＩＴ会社の社長だからその話題を出したの。そうしたら、そこから急にみんな笑い出したの。

西堀　何で？

山野　その会社が内藤の兄ちゃんの会社と取引してる会社みたいで、「そうですか、弟さんなんですか」って急に笑い始めて。終わった後にみんな立って拍手までしてくれるの（笑）。

西堀　弟だからって何忖度してるんだよ（笑）。

山野　それ見てつくづく「人って権力とか金の力で笑うんだ」と思って。

西堀　すごいな、金の力！

山野　ネタの力より金の力だよ（笑）。

西堀　夢ないわ！　よし、帰ろう！

西堀　人の目よりも芸人やりたい気持ちが勝つってこと？
山野　性癖と一緒なのかも。バレないように、こそこそお笑い。

寄席と自宅を徒歩で往復するだけの男

File.06 ——新宿カウボーイ

石沢勤

File.06　石沢勤（新宿カウボーイ）

（いしざわ・つとむ）1980年生まれ、新潟県出身。2006年２月に漫才コンビ「新宿カウボーイ」結成。ツッコミ担当。相方はかねきよ勝則。別名「痩せっぽちの貧乏ヒゲ」は有吉弘行命名。2012年3月、漫才協会入会。2020年5月、所属していた太田プロダクションを退社し、フリーとなる。2023年4月、落語芸術協会に入会。現在「浅草東洋館」などの寄席に出演。平成28年度漫才新人大賞特別賞受賞。『THE MANZAI』2012認定漫才師。「新宿カウボーイOFFICIAL WEBSITE」
https://shinjukucowboy.amebaownd.com

石沢の家計簿

1か月の収入	20万円 （芸人としての収入15万円/その他収入5万円）
家賃	63,000円
光熱費（ガス・水道・電気）	10,000円
通信費（スマホ・自宅Wi-fi）	7,000円
食費（外食・飲み代含む）	30,000円
遊興費	10,000円 内訳）ちいかわのガチャ／3000円、プロレス配信／1000円、PPV配信／3000円、FANZA／3000円
その他支出	特になし

収入：20万円	支出：12万円	計：+8万円

石沢に聞きたい8つのこと

❶ 現在の貯金額は?……400万円

❷ これまでの芸人としての最高月収は?……40万円(2022年6月)

❸ 芸人デビューして以降のバイト遍歴……牛丼屋店員、漫画喫茶店員、コンビニ店員(現在も)

❹ これまでの人生で一番大きな買い物は?……オメガの腕時計の23万円

❺ あなたにとってのプチ贅沢、ささやかな幸せは?……月に1回か2回、お昼ごはんにケンタッキーでカツサンドセットとツイスターを食べること。ランチで1,000円超えはプチ贅沢だと思う。

❻ 金がなくてもこれだけはやめられない?……しょっぱいお菓子と甘いお菓子とジュース

❼ 月に幾ら収入があればよい?……20万円

❽ こうすれば金が貯まる? どうする?……自炊する。お菓子買わない。ペットボトル買わない。とにかく余計なものは買わない。電車に乗る時、何個か先の駅から乗る。

物件情報

家賃:63,000円

駅から徒歩12分の都内マンション、6畳+3畳キッチン、風呂・トイレ付、築50年の3階

実録!! 石沢メシ

朝はトーストにチーズ、ウインナーを乗せて、マスタードとケチャップをかけたホットドック風サンドと野菜サラダ(パック売り)。夜は「(西堀ウオーカーチャンネル)密着取材用に豪勢に」とプチ贅沢して一人焼肉。油が飛んでキッチンを汚さないように床に新聞紙を敷き、ズボンを脱いでパンツ一丁になり、万全の態勢を整えたら、コンロの前の椅子に座って即席の焼肉コーナーの出来上がり。フライパンで肉と野菜を焼くBBQ風焼肉。酒を飲まない石沢は大好きなフルーツオレで乾杯。「あ〜効きますね!めっちゃ美味しい!!!」と一人焼肉を堪能。

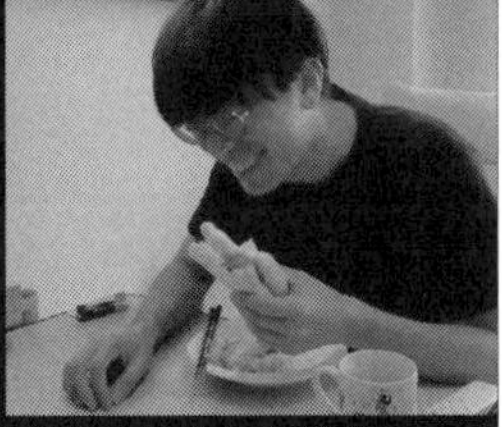

石沢はマメに自炊する男だ

芸人は死ぬまでできるんじゃないですかね。
だって楽しいですからね。

――石沢勤

「貯金400万円」奇跡の勝ち組芸人

西堀　今回の芸人で初の勝ち組登場！

石沢　何が勝ち組なんですか!?

西堀　まず貯金だよ。400万円も持っているって奇跡の芸人だよ！

石沢　この歳ならそりゃあるでしょ、それぐらい。西堀さんでもあるでしょ？

西堀　ないないない！　自信を持って「ない」！

石沢　何でないんですか？　この歳でまともな大人なら400万円じゃ少ないぐらいですよ。

西堀　まともな大人じゃないから、俺たちは。だって金あったら全部飲んじゃうから（笑）。

石沢　僕は酒も飲まないし、タバコも吸わないから。月20万で食費も入れて生活できるから。

西堀　石沢は芸人としての収入が15万あって、アルバイトが5万円。月に5日ぐらいバイトしてる？

石沢　4～5日ですね。別に働かなくてもいいんですけど、スケジュールがスカスカなんで、なんか働いてたほうがいいかなと。

西堀　真面目だね！　初の計画的な芸人が出てきたよ（笑）。しかも、ちゃんと芸人としての収入のほうがバイト代よりも上じゃん。新宿カウボーイってそんなに稼いでるの？

石沢　営業とか細かい仕事がちょこちょことあるんですよ。あと太田プロ辞めてフリーになったんで、単純に事務所に取られる分がなくなったという面もありますね。

西堀　今は劇場というか、寄席が中心だよね。寄席は好きなんでしょ？

石沢　漫才やるのは好きなんですよ。

西堀　週1回アルバイトして、あとは好きなことやって、それで貯金もできてるって。世の中のサラリーマン憧れるよ。

石沢　この生活がずっと続けばいいなと思うんですけど、ずっとは続かないじゃないですか。
西堀　確かに寄席のギャラって少ないもんな。
石沢　少ないです。稼げないですね。
西堀　いくらもらえるの？　交通費ぐらい？
石沢　よくて1人1000円程度。お客さんが入ればもうちょっと増えますけど。
西堀　それで電車賃ケチって寄席の帰りは歩いて帰ってるわけ？　浅草（東洋館）から家までだと1時間ちょいかかるじゃない。ちょっとした運動になるよね。
石沢　歩けば電車賃200円以上浮きますからね。でかいですよ。
西堀　確かにギャラ1000円で200円はでかいよな。そうやってコツコツ貯金してるんだ？
石沢　節約もありますけど、歩いて帰ると時間潰せるじゃないですか。日が高いうちに家に帰ると悲しくなるんですよ。今日一日何もしてない気がして。だから「ちゃんと漫才やって帰ってきたぞ」って自分に言い聞かせるために、日が暮れるまで歩いて帰るようにしてます。
西堀　健康のためでもお金のためでもないんだ。単に時間を潰すために歩くって人生の遅延行為だろ。
石沢　だから年取って「歩けなくなったらどうしよう……」って不安ですよ。
西堀　電車乗れよ！　400万も貯金あるんだから。
石沢　怖いじゃないですか、貯金減ると。
西堀　寄席のギャラはアップしないわけでしょ？　営業もいつまであるか分からないっていう不安もあるよね？
石沢　それはありますね。スケジュール見て「今月は大丈夫そうだな。来月も大丈夫そうだな。でも3か月後はやばいな」……とか、そういう不安はめっちゃありますね。

西堀　芸人ってさ、露出がないと下がっていくじゃん。露出があるから寄席も呼ばれたり、営業が入ったりするわけでしょ。そこはもう諦めてるんだ、テレビとか出て露出するのは？

石沢　諦めてるわけじゃないですけど。少ないながらもテレビに出させてもらったこともあるんですが、あんま得意じゃないなと思ったんですよね。それよりも、漫才やってお客さんを笑わせてるほうが合ってるんじゃないかなと。

西堀　そのへんはコンビで話したりしないの？

石沢　そういう話はしないですね。だからちょっと現状に満足してる部分があるのかもしれないですね。

西堀　貯金もあるし。

石沢　1年はなんとか生きていけます。

西堀　2年はいけるよ。月20万円収入あるし。なんか、自己完結しているねろめとは違った意味での〝持続可能な芸人〟だよ。

石沢　持続したいですね、このまま。

西堀　お笑いの実働は15日ない？

石沢　10日ぐらいかもしれないですね。だからバイトしてるんですよね。暇つぶしでバイトやってる。

西堀　凄いよ！　週休4日だよ。それで暇つぶしでバイト。最高だよ！

石沢　でもやっぱ、仕事があるほうが充実感がありますけどね、正直。

西堀　そりゃそうだよね。俺たちって仕事に対するストレスもないしね。

石沢　仕事に対してのストレスはないですね。

西堀　なんか石沢の話聞いてると「全部取っ払ったサーファー」みたい。

石沢　サーファーですか？

西堀　「給料安くても海の近くに住んでサーフィンできればいい」っていう人いるでしょ。そんなにお金いらない、好きなことしかしなくていい、最低限生きてればいいっていう人。そういう人みたい。

石沢　そうかもしれないですね。寄席に出て漫才できればいいから。

西堀　最高の生活じゃん！　理想的な生活だよ。サーファーと違ってボードも買わなくていいしな、芸人は。

石沢　衣装買わないといけないですけど（笑）。

西堀　売れてない芸人って自由だよね。金はないけど時間はあるし、好きなことやって生きてるし。売れてる芸人って自由な時間がないからね。マスコミの目もあるし。

石沢　一応マスコミの目は気にしてます。

西堀　しなくていいよ！　おまえは何やったっていいんだから。マスコミに気づかれないから。

石沢　そこは自分自身の縛りで（笑）。

西堀　いらねーよ、そんな縛り！

稼げる仕事より芸人のほうがいい

西堀　理想は、寄席出て漫才やって、たまに営業があって……みたいな感じ？

石沢　みたいな感じですかね。

西堀　なんか石沢って達観してるんだよね、昔から。多くを望まないというかさ。

石沢　もしかしたら自分を冷静に考えてみて、「よくやったほうじゃないかな」って思ってるのかもしれないですね。自分の持ってるポテンシャルからしたら。

西堀　大満足ではないけど、まあ合格点かな……みたいな感じ？

石沢　１００点ではないけど、60点か70点ぐらいは取れて、「芸人としてまあまあよくやったな」っていう感じですね。

西堀　そこからして、みんなと違うもんな。みんな

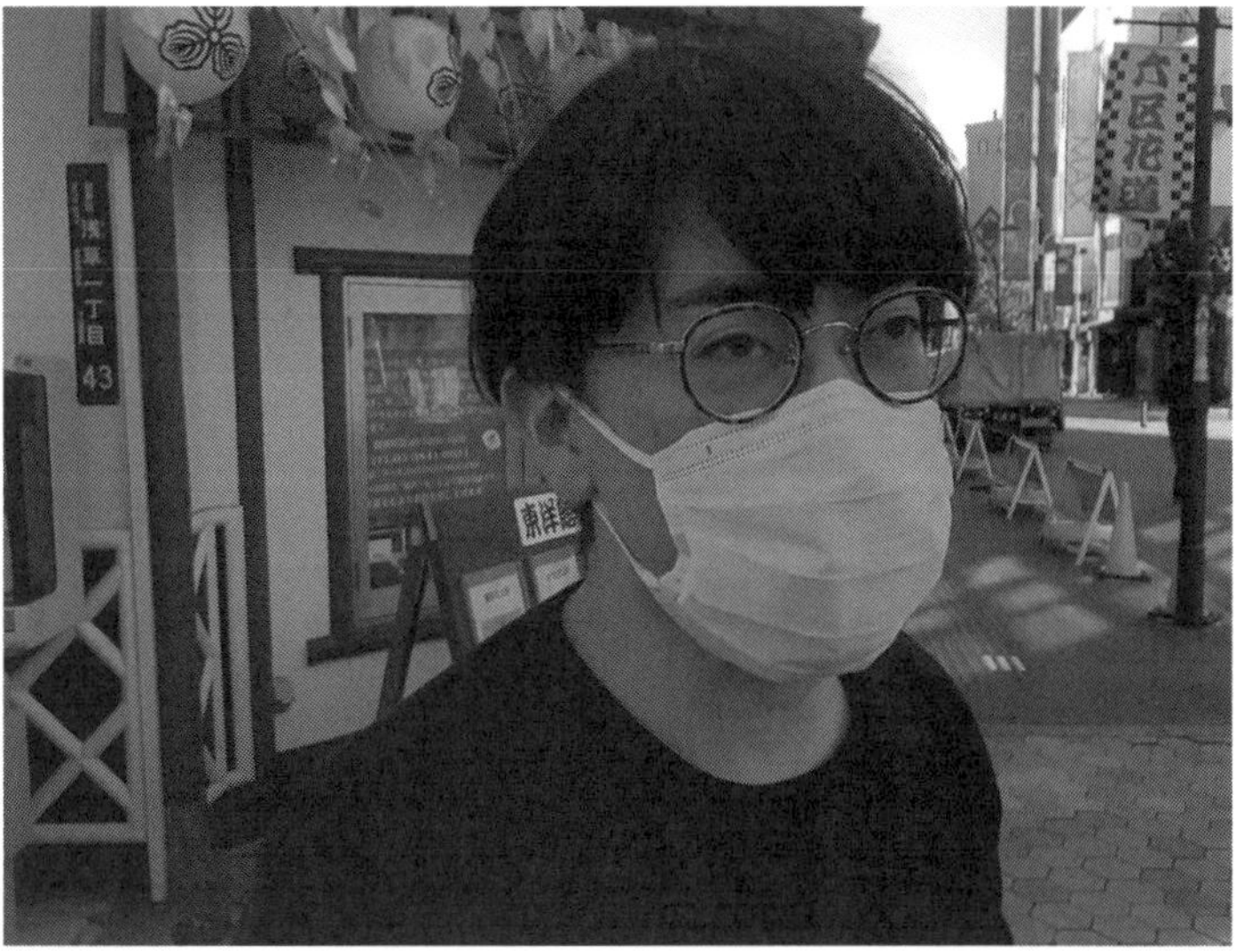

時間稼ぎのために寄席と自宅を徒歩で往復するのがルーティン

どっかでラッキーを待ってるもん。売れっ子になることを期待しているもん。棚ボタというか、棚の下でラッキーが落ちてくるのを待ってる。何の努力もせずに（笑）。

石沢　僕にも少なからずありますよ。その気持ちは。

西堀　ある？

石沢　ありますよ。「なんかラッキー来ねーかな」っていうのは。基本的にはラッキーの連続で今まで芸人やれてたと思いますし。

西堀　感謝してるんだ、すでに。でもラッキーは考えるわけね。「また『笑点』呼ばれないかなあ」とか？

石沢　考えてますね。「チャンス来ねーかな」と思って、寝っ転がって何もしてませんけど。

西堀　芸人って楽観的でもあるよな。サラリーマンって月給はちゃんと決まってるけどワンチャンとかないからね。芸人は売れれば夢はあるよね。サラリーマンで言えば、２か月連続ボーナスとか全然あるからね。
石沢　そういうラッキーがあればいいなとは思いますけど、結構現状に満足しちゃってますね。
西堀　今回初めて目の覚めてる芸人だよ。芸人がかかる魔法が解けてるもん（笑）。
石沢　現実を見てますから。
西堀　理想形はどんな感じなの？
石沢　寄席に出て漫才して、あとは寄席番組ですかね。NHKとかの。
西堀　そこから上の〝芸能界〟とか〝タレント〟っていうところまでは？
石沢　考えられないかもしれないですね。リアリティがなさ過ぎて。割と目先しか見えてない可能性ありますね。「将来こうなりたい」とか「将来こうなりたいからこうしていこう」とかみたいな考えがあまりないんです。
西堀　気にすんなよ。俺の周りの芸人でそんなこと考えてる奴、誰もいないよ。少し考えろよって言いたくなるぐらい何一つ考えてない（笑）。
石沢　現状の暮らしに不満はないけど、僕にだって不安はありますよ。
西堀　「これからどうなっていくか？」っていう不安もあるの？
石沢　相方のかねきよが突然「辞める」って言い出すんじゃないか……っていう不安はありますね。
西堀　そうなったらどうする？　まだ芸人やる？
石沢　やるかもしれないですね。芸人辞める理由もあんまりないですから。
西堀　自分も含めてだけど、現状が大成功じゃないのに何でみんな芸人続けてると思う？
石沢　第一に「楽しい」っていうのがあるんじゃないですか。ウケた時が楽しいとか。やっぱりあの楽しさって普通にバイトしててもないですよ。
西堀　それ、みんな言う。一般人には味わえない喜び。これだけは共通だわ。楽しいよな。

石沢　楽しいですよね。

西堀　究極言うとさ、世の中の人みんな、楽しいことを手に入れるために生きてると思うの。お金も地位も名誉も楽しいことするため。だってお金あったら楽しいことできるでしょ。でも俺たち芸人って、その先にあるものをもう持ってるのかな？

石沢　寄席とかライブでウケる楽しさを知ってますからね。

西堀　ライブとかさ、緊張感っていうスパイスが効くんだよ。緊張する、そこから解放、打ち上げだ〜！で、話す話題も一緒。同じライブに出て共通項しかないから。これがまた売れてない芸人同士だと共通項がまた一つ増えちゃうから。文化祭の打ち上げが毎日続いてる感じ。こんな幸せなことないよな。

石沢　楽しいから芸人やってるんでしょうね。

西堀　これが一般の人だと、頑張って苦労してその先に〝楽しい〟があるんじゃないかと思って我慢して生きてるけど、芸人は最初から楽しいもん。

石沢　何も我慢とかしてないですからね。

西堀　周りの人のほうがシリアスに捉えてない？売れてないことを。本人たちは悩んでないもん。だから「何で悩んでないの？」って言われても、実は本人たちはピンと来てない。「別に芸人やりたいから」って言うだけで。

石沢　全然悩んでないですよね（笑）。

西堀　もちろん、芸人なんかよりもっと稼げる仕事あるはずだけどさ。

石沢　僕は結構コツコツやるの好きなんで、それこそ工場とか勤めて毎日働けば芸人より稼げると思うんですけど。でもそれよりも今のほうがいい。

西堀　お金だけでいえばもっと割がいいことがいっぱいあるけど、みんな芸人を選ぶからね。

石沢　稼ぐことだけ考えたら芸人なんて割に合わな

いですよね。

西堀　じゃあたとえば宝くじで3億円当たったらどうする？

石沢　3億当たったら……まず家買うかもしれないですね。死ぬまでそこで住めるじゃないですか。1億ぐらいで買って、あと貯金じゃないですかね。

西堀　やっぱり貯金か（笑）。その金で贅沢したいとか思わないの？

石沢　贅沢ですか……カニを腹いっぱい食いたいかもしれないです。

西堀　スケールが庶民だな（笑）。

子どもの頃の夢を諦めていないのが芸人

西堀　石沢の一番変わってるところはさ、3億当たったら貯金するとかまともな考えを持っているのに、この仕事を選んでるところ。金銭感覚もちゃんとしていて将来に対する不安もあるのに、何でお笑い芸人続けてるの？

石沢　やっぱり子どもの頃の体験じゃないですかね。テレビ番組見て楽しそうだなっていう体験がずっと残ってる。憧れですよ、やっぱり。

西堀　どういうテレビや芸人に憧れてたの？

石沢　『ビートたけしのお笑いウルトラクイズ』見て腹抱えるほど笑ってたのが中学生ぐらい。高校時代に『ボキャブラ天国』が始まって凄くハマって。「あ、なんかお笑い芸人やりたいな」と思ったんですよ。そこからほぼ変わってないです、夢は。

西堀　じゃあ夢叶えてるじゃん。

石沢　夢は叶えてますよね。

西堀　俺たち芸人ってさ、子どもの頃の夢を諦めてないんだよね。ほとんどの人は諦めてるわけでしょ。「野球選手になりたい」って、なれないじゃん。お笑い芸人は一応なれるもんな。夢を叶えたい人はお笑いを夢にすれば叶うな（笑）。

石沢　よく言われたのが「10年辞めなければ何かしらテレビに出れる」ってこと。

西堀　言われた言われた！　そんなの余裕で超えてる歳になってきてるよな。ウソだったんだ、アレ。

石沢　芸歴が10年超えてもテレビに出られない芸人なんて、いっぱいいますからね。

西堀　俺はね、テレビ見て憧れもあったけど、やっぱり人気者になりたいとかさ、不純な動機から始まってどんどんお笑いにハマっていった気がする。

石沢　僕も単純にテレビに出てる人に会いたいなっていうところから始まってますからね。ある程度会いたかったお笑いの人とか会えたり、楽屋の廊下とかで姿見たりとか。そういうのもあるから、もう満足しちゃってるのかもしれないですね。

西堀　それ、もう老後じゃん……。

石沢　そうなんですよ。老後始まってるんですよ。

西堀　人生１００年って言われてるのに、40そこそこでもう老後かよ。

石沢　だからあと40年以上老後が続くと思うと不安になりますよ。貯金ないとちょっとヤバいなと。

西堀　達観してるのはそこかもしれない。今さら掴みたいものもないんだよな。お金とかはあったほうがいいけど、そんなに汗かいて取りにいくっていう感じでもないもんね。

石沢はいつから「老後」になったの？

石沢　これはたぶん太田プロ辞めた時だと思います。テレビよりも寄席とかそういうほうでいきたいってなった時に、自分の中で「第1章がもう終わった」みたいな。「よくやったな」みたいな。

西堀　もの凄く自分のこと客観視してるよな。自分のポテンシャルとかまで見ちゃうじゃない。そうなるとさ、夢とか減らない？

石沢　夢自体をもう叶えてるっていうところがあるんじゃないですかね。

西堀　そこがもう根本的に違うんだよ。他のみんなは勘違いしてるから。みんなまだ夢の途中だから。

石沢　寝てるな、みんな（笑）。

西堀　みんなは世に出たいんだよ、まだ。石沢は一番現実的で理性的。そんな石沢から見て、自分はいつまで芸人やってられると思う？

石沢　死ぬまでできるんじゃないですかね。だって楽しいですからね。

西堀　そう、楽しいんだよ。根本的に嫌なことやってないもん。我慢してないもん。誰一人として。だって、誰にお願いされてるわけじゃなくて、自分で勝手に芸人やってるんだもん。

石沢　確かに勝手にやってますよね（笑）。

西堀　だいたいの世の中の人たちって我慢してるんだよ。でも芸人って我慢してない人たちなんだよ。ステージやって1000円握りしめて帰るわけだから。お祭りが毎日続いてるようなもんだよ。石沢なんて完璧なライフスタイルじゃない。圧倒的に今ストレスがかかってないよね。

普通に会社入ったら嫌な上司とかいるんだぜ。毎日会うんだぜ。怒られるんだぜ。

石沢　それはちょっと無理ですよね。

西堀　世の中の人も悩んでるぐらいなら芸人になったほうがいいよ。だって芸人は悲しいことも笑ってくれるじゃない。

石沢　ネタになりますからね。

西堀　生い立ちが貧乏なほうが有利ってこの世界だけでしょ。「いいな、お前、いいネタ持ってるな」とか、ゆくゆくプラスになるんだもんね。ブスとかデブとかもいいんだもん。変な世界だよ（笑）。

死ぬまで芸人を続けられれば満足

西堀　いくら楽しくてもさ、「何だか今日一日つまんなかったなあ」っていう日もあるじゃない？

石沢　ありますよ、めっちゃある。それでも「こういうもんかな」とか思っちゃう。

西堀　人間ができてるね。金使って楽しいこととしようとか思わないの？

石沢　何か面倒臭いと思っちゃうんですよ。

西堀　面倒臭いと金貯まるんだな（笑）。

石沢　つまんなかったら誰か誘えばいいじゃないですか。でも面倒臭いなと思っちゃって。

西堀　達観っていうか、何なのかな。

石沢　無気力なんじゃないですか、単純に。それこそゴールしてるんで、自分の中では。老後も始まってると思ってるし。腰が重いです、とにかく。

西堀　女性に対してもそうだもんね。根本は面倒臭いんだろ？

石沢　面倒臭いですね。

西堀　快楽よりも面倒臭いが上？

石沢　上ですね。

西堀　でもさ、彼女いたらオッパイ触れるぞ。

石沢　もう触るなんてことを考えてないですもん。

西堀　老後じゃん！

石沢　触ったこともあるし。

西堀　1回触ればいいなんて、みんな思ってないんだよ。セックスも1回、テレビ出るのも1回って何だよ、それ（笑）。

石沢　女性とのやり取りが面倒臭いなっていうのがあるじゃないですか。ウダウダ言ってきたりとか、話も面白くないし。

西堀　そりゃ話は面白くないだろ。芸人じゃないんだから（笑）。

石沢　つまんないことに時間使うの面倒臭いじゃないですか。

西堀　でも石沢含めてみんな、最終的に欲しいものは俺たちもう得てるのかもしれないね。金よりも女よりも欲しいものを。

石沢　何よりもウケたいんじゃないですか？　3億よりも。
西堀　俺は3億のほうがいいわ！
石沢　そんなにウケることって人生でないじゃないですか。相当気持ちいいと思いますよ。お金にならない気持ち良さ。プライスレスですよ。
西堀　プライスあったほうがいいよ、俺は（笑）。
石沢　僕は3億もらうより、ウケたほうが気持ちいいですね。
西堀　でもさ、不思議なもんで、売れてない芸人に聞くと、全員が「3億もらっても芸人を続ける」って言うんだよ。むしろ3億あったら芸人続けられるから、もっと辞めないって（笑）。
石沢　僕もたぶん死ぬまで芸人辞めないですね。
西堀　そうなると芸人って商売じゃないんだよ。「ライフワーク」なんだよ。
石沢　「人生」みたいなことですか。
西堀　人生だね。人生そのもの。
石沢　僕にとっても、芸人は人生そのものかもしれないですね。
西堀　芸人辞めないってことは、人生に満足してるからだよ。
石沢　確かにそうかもしれないですね。
西堀　石沢はまた芸人やりたい？　来世でも。
石沢　芸人やりたいかもしれないですね。
西堀　ほらもう人生そのものだよ。
石沢　西堀さんは？
西堀　俺はやらないよ（笑）。
石沢　昔、ラジオのアフタートークで西堀さんは「稼げれば何でもいい」みたいなこと言ってたんですよ。だから他に割のいい仕事が見つかれば、芸人を3秒で辞められると思いますね。
西堀　3秒はないわ！　でも確かにみんなは自分の中の一番深いところで芸人が根付いてるよね。それと比べたら、とてもじゃないけど俺は「お笑いが好きだ」って言えない。みんなの「芸人が好き」っていうのはすごいと思うよ！

石沢　結局楽しいんですよね、芸人やってるのが。

西堀　今も楽しいんでしょ？

石沢　楽しいかどうかはとりあえず置いておいて、「まあまあこんなもんだろう」っていう感じですね。

西堀　だけど大きな不満もない？

石沢　ないです。

西堀　ストレスもない？

石沢　ストレスもないです。

西堀　やっぱ最高じゃねーか！　売れてる芸人のほうがストレスあるのよ。金はあるけど忙しいし自由もないし。売れてない芸人は、金はないけど自由で休みは多いしストレスもない。週刊誌にも狙われない。最高だよな！

石沢　芸人続けられる収入さえあれば最高ですね。

西堀　さらに言うと、その収入を芸人で稼ぐことに求めてないからね。寄席に出て１０００円もらっても絶対無理だから。

石沢　芸人を続けられるかどうかだけが不安ですね。死ぬまで芸人続けられさえすれば、それで満足です。

西堀　結論出ちゃったね。やっぱり俺たちにとって〝芸人〟って人生そのものなんだよ！

よし、帰ろう！

石沢　もう自分的には老後が始まってるんですよ。

西堀　人生100年時代に、40そこそこで老後かよ！

『THE SECOND』で奇跡の復活を果たした男

File.07 ―― 西堀亮《マシンガンズ》

File.07	西堀亮（マシンガンズ）

（にしほり・りょう）1974年生まれ、北海道出身。高校卒業後、お笑い芸人を目指し上京。東京都豊島区主催のユーモア講座を受講した際に相方の滝沢秀一に出会い、1998年にコンビ結成。マシンガンズとして『爆笑レッドカーペット』（フジテレビ系）、『エンタの神様』（日本テレビ系）などに出演しプチブレイクを果たすも、以降は鳴かず飛ばず。2023年に『THE SECOND〜漫才トーナメント〜』（フジテレビ系）で準優勝を獲得し、奇跡の復活を果たす。YouTube「西堀ウォーカーチャンネル」が好評。

西堀の家計簿

1か月の収入	20万円 （芸人としての収入20万円／その他収入0万円）
家賃	125,000円
光熱費（ガス・水道・電気）	25,000円
通信費（スマホ・自宅Wi-fi）	3,000円
食費（外食・飲み代含む）	50,000円
遊興費	外食費はほぼ先輩が出す。
その他支出	15,000円（借金の返済）
収入：20万円	支出：21.8万円	計：−1.8万円

※データは『THE SOCOND』準優勝前のもの。

西堀に聞きたい8つのこと

❶ 現在の貯金額は?……100万円(カミさんが管理、金額は予想)

❷ これまでの芸人としての最高月収は?……約250万円

❸ 芸人デビューして以降のバイト遍歴……土木作業員

❹ これまでの人生で一番大きな買い物は?……テレビ約10万円

❺ あなたにとってのプチ贅沢、ささやかな幸せは?……自宅で晩酌

❻ 金がなくてもこれだけはやめられない?……酒、タバコ

❼ 月に幾ら収入があればよい?……30万円

❽ こうすれば金が貯まる? どうする?……飲まない。

物件情報

家賃：125,000円

都内、2DK(15畳・6畳、ユニットバス)賃貸マンション

実録!!『西堀ウォーカーチャンネル』

2021年末にチャンネルを開設したYouTubeの「西堀ウォーカーチャンネル」。23年8月末時点で登録者数3万人超。概要欄には「マシンガンズ西堀が、ただ散歩するだけの動画です。だったんですが…」とあるように、当初は都内散策動画がメインだったが、次第に和賀や松崎の日常を垂れ流す路線にシフト。『土木作業の日給を一日で使いきる男、和賀』シリーズ等がバズり中。

渋谷の外れの飲み屋街を散策する西堀

「どうせ解散するなら、これからは好きなようにやってみようぜ」って。
要は開き直りというかヤケクソですよ。

——西堀亮

豊島区のユーモア講座で運命の出会い

――まずは、芸人になった理由から教えてください。

学生時代に、「有名になりたい」「人気者になりたい」って思った時、自分の資質を考えると、歌手は無理だし俳優になれるほどかっこよくない。これは、お笑いしかないかなーと思って（笑）。

要は俺は他の芸人と違って、まず、「有名になりたい。人気者になりたい」ありきだったんです。「絶対に芸人になりたい」とかじゃなくって。だから、「本当に俺はお笑いが好きなのかな？」って自問自答することもあるし（笑）。

――じゃあ、有名になれる他の手段があれば、そっちへ進んでいたかもしれませんね。

ホントそう。現に若い頃、「劇団東京乾電池」のオーディション受けに行っているし（笑）。芝居をみたことなかったけど、なんとなく、面白いんだろうな～って思っていて。安易な気持ちで。

面接で座長の柄本明さんに「何か芝居してみて」って言われたから、『仁義なき戦い』の登場人物のモノマネ全部やったの。金子信雄さんのマネで、「子が親にカネ出し渋る極道がどこにおるんなら」とか、菅原文太さんの顔マネしながら、「弾はまだ残っとるがよう」みたいに（笑）。そしたら柄本さんが、「お前、ナメてるだろ」って。もちろん、落とされて。

結局、高校卒業してからなんとなく芸人になろうと思って北海道から東京に出てきたけど、なり方が分からなかったってのが大きいかも。

他にも小さな劇団とかのオーディションなんかにも行ってたから、下手したら食えない劇団員になっていたかもしれませんね。

――そのあと、どうやって芸人に？

豊島区がやっていた3か月で1万5000円のユーモア講座を受講したのよ。周りは老人とか、おじさん、おばさんばっか。みんな「会社で部下とコミュニケーションとりたい」とか「明るい人だと思われたい」みたいな目的で集まっていて。要は、地域の公民館がやっているドライフラワー講座のノリだったんです。

――そこで何を教わったんですか？

よく覚えていないけど、最後に発表会があったのよ。そこで、俺の前の番のおばさんが、「私ったら、燃えるゴミの日に燃えないゴミを出しちゃったんです。オホホ」って、ネタやって。それなりにみんな笑っているから、えっ、何が面白いんだろうって軽くパニックになったりして。そんな中で俺の順番が来ちゃったから、汗ダラダラ噴き出してきて（笑）。

それで俺がそこでやったネタが、「気に入らない奴がいたから、マグナムで頭ぶっ放してやりましたよ」ってネタ。もちろん、みんなドン引き。

――マシンガンズと同じ芸風じゃないですか！

恥ずかしくて、席まで下向いて帰ったもん。だけど、もう一人、ユーモア講座の空気を理解していないバカがいたんだよ。それが滝沢。

――滝沢さんも受講していたんですね。

そう。若い子は俺と滝沢しかいなかったんじゃないかな。で、滝沢がやったネタが、「ジャッキー・チェンの指○ン」とかいうネタ。

――放送禁止ですね（笑）。

「アチョアチョアチョ～！」って言いながら、手を高速で動かすのよ。卑猥に。俺以上に地獄みたいな空気になっちゃってさ。あいつも死にそうな顔で席まで下向いて帰ってた（笑）。

――そこがコンビの出会いですね。

そう。若い子あいつしかいなかったから。まさか隣の席のおばあちゃんとコンビ組めないし。あんなネタやる奴だから、「ヤバいのかな」って思ったけど、どちらともなく声かけあって。

――その後、太田プロに所属したわけですね。

いや、一度、劇団に入ったのよ。滝沢と。当時流行っていたジョビジョバさんみたいなことやる劇団でさ。そこで1～2年やっていたら滝沢が、「ここいても意味ないぞ。俺は辞める」って言うから、俺も同じタイミングで辞めたのよ。そこから、2人で漫才ネタを作り始めたのかな。22歳の時です。

で、2人で事務所関係ない野良ライブみたいなのに出てさ。そこで最初にコンビとして初めてやったネタが、思えば今のスタイルなの。

――お互いムカついていることを順番に叫ぶWキレ漫才ですね。

なんか、悪意あるまとめ方だな（笑）。初めてやった時もけっこうウケたんだぞ。でも、その後は怒鳴り合う漫才はやめちゃったんで、紆余曲折を経て今は原点に戻った感じかな。

コンビ解散しようと思っていた

――じゃ、そのネタ引っ提げて太田プロに入ったわけですね。

違うのよ。アンラッキー後藤さんがいた事務所に入ったの。1年くらいいたのかな。でも、なんか違うなと感じ出して。太田プに履歴書送ったのよ。

そしたら「学校（養成所）に入りなさい」って回答が来て。でも、お金かかるじゃない。だから、無視してまた半年後くらいに履歴書送ったの。そしたらまた、「養成所入りなさい」と。

――2度も門前払いされたわけですね。

で、バカなふりしてもう1回履歴書出したのよ。そしたら、太田プロの荻野さん（片岡鶴太郎さんの弟）が、「分からない奴らだね、俺がきちんと顔見て断ってやる」って面接に呼んでくれたの。

それでなぜか合格。タイミングもよかったんだろうね。たまたま次の年からM‐1が始まることが業界では分かっていたから。当時の太田プロって漫才師が少なかったみたいで、1組くらい取ってみてもいいかなって入れてくれたみたい。

――同期の芸人は誰なんですか？

現、ふとっちょカウボーイとか、今はサンドウィッチマンのマネージャーやってる林君とか。あと、じゅんいちダビッドソンは、年齢も同じで完全に同期ですね。

――コンビ名を「マシンガンズ」にしたのは？

そろそろコンビ名が必要だなってタイミングで、滝沢が「明日までに俺、考えてくるわ」って。で、次の日、「レッド・キャット」ってどう？　って言われて（笑）。

――直訳すると、「赤猫」じゃないですか。赤猫って「放火魔」の隠語ですよね。お客さんの心に火をつけるって意味でしょうか？

そんな深い意味ないわ！　ちなみに、滝沢がもうひとつ考えてきたのが「ナンバワンズ」。「レッド・キャット」と「ナンバワンズ」……？　どっちもないなと思ったんで、俺が「マシンガンズってどう？」って滝沢に言ったら、「あ、それでいこう」って。

――どんな思いで「マシンガンズ」？

う〜ん、当時、「ダウンタウン」とか「ウッチャンナンチャン」とか「ン」が芸名に2つ入っていると売れるっていうジンクスがあって、なんとなく頭にマシンガンズって浮かんだから、「あ、これ、『ン』も2つ入っている」ってなって。

――でも、芸風からはピッタリな芸名ですよね。

そうなんですよね。でも、不思議なもんで、俺も滝沢もそんな性格ではないんですよ（笑）。でも、芸名に芸が引っ張られていったというか、これって芸人ならみんなあると思うんですけど、芸名が芸風を作るみたいな現象ですね。

散歩はどこへ…和賀＆松崎らがメインとなった「西堀ウォーカーチャンネル」

──そこからの芸人人生は？

順調ではなかったですね。どうやったらウケるのか試行錯誤したし、今の怒鳴り合いというか、2人で交互にキレるネタから離れて色々やりました。最初は滝沢がボケ役だったんですけど、ウケないからボケとツッコミを代えてみたり……。

──それでも、手応えはなかった？

なかったですね。滝沢と相談して「もうウケないから、コンビ解散して芸人辞めよう」と思っていたんですよ。2人とも同じ意見でした。

それで、どうせ解散するなら、これからは好きなようにやってみようぜ。って。要は開き直りというかヤケクソですよ。

──どんなネタをやったんですか？

客に毒づきましたね（笑）。

「何、お前ら偉そうに座ってんだよ！」とか「あんまり笑わないけど、俺たちのほうがお前らより面白いからな」、「お前の学校とか会社に、俺らより面白い奴いないだろ」とか（笑）。

――めちゃくちゃですね（笑）。

そしたら、なんだかウケ出して（笑）。で、何年もとれなかった太田プロライブで1位になったんです。これをキッカケに、『レッドカーペット』の前身の『ピンクカーペット』っていう番組に引っかかって、以降、ちょくちょくネタ番組に出してもらえるようになったんですよ。当時、8年目とか9年目ですね。

ここで引っかからなかったら、絶対芸人辞めてたと思います。

――コンビ解散だけではなく、芸人も辞めるつもりだったんですか？

そうですね。ず〜っと、スベり続けてましたから。ただ、「芸人」でいることは楽しかったんですよね。周りもみんな売れてなかったし、毎日、みんなで酒ばっかり飲んでた（笑）。言い方が正しいかどうか分からないですが、「青春時代」でしたね。

長い潜伏期間を経て…

――土木作業のバイトはいつ頃からやっていたんですか？

ネタ番組に声がかかる前からやってましたね。ネタ番組呼ばれるようになるまでは、芸人のギャラだけでは食えなかったですから。

――ネタ番組以降はどうでしたか？

3〜4年はそれなりに食べられましたね。正直言うと、当時は年収で600万円くらいでしたね。雑誌の連載とかもあったし。このまま、増えていけば、クルーザーでも買おうかなって夢見てましたもん。

――売れっ子的な勘違いもあったんですか？

あったかもしれませんね。それっぽっちの年収では、売れてるって言えないのに（笑）。事務所で雑誌の対談企画やってて、たまたま寺門ジモンさんにその現場を見られて、後で怒られましたもん。

――ジモンさん熱そうですもんね。

そう（笑）。お前ら、雑誌の仕事だからってナメてんだろって。対談するなら、相手のことをできる限り調べていくのが当然だろうって……。

確かに何も調べず現場行っててたし、よく知らないけど、相手に合わせて引き出すみたいな技量もなかったですね、当時は。

若さのせいにするのは卑怯だけど、そういうことが大事だって分からなかったし、腕もなかったのかな。要は慢心ですよ。そんなだから徐々に仕事も減っていきましたね。

――一気になくなったわけではなく？

それが絶妙なんですよ。真綿で絞め殺すみたいに、徐々に（笑）。ただ、仕事がなくなったのも当然だなって今では分かりますよ。ただネタやって、はい終わりみたいな感じで仕事していたから、ビジョンもないし、何で売れたかも分からないまま世に出たから落ちるのも早かったですね。

あとは、せっかくネタでキレキャラが認知されたのに、それを広げられなかったことも大きいなと。竹山さんみたいに、ネタと自分のパーソナリティを同じにして、キレ芸の人っていうポジションを不動のものにできなかった。ネタではキレるけど、普段はニコニコしていて優しい人というか（笑）。

芸人ってやっぱり、芸がその人の内面まで食っていく部分も必要なのかもしれない。

――でも、『THE SECOND』ではハマって、復活できましたよね。

その理由も分かっていて、今は無理にキレてないし、自虐ネタも本当におじさんになったから等身大になったんじゃないかな。歳とって変なトガりもなくなって、芸に個人と言うか内面が追いついちゃったと言うか（笑）。

——一度、テレビから消えてしまったわけですが、生活に変化はありましたか？

そりゃ月収50万円から20万円になったら、変わるでしょ。ずっと、月収50万円が続くと根拠なく思っていたから、貯金なんてしてなかったしね。

外食しなくなったし、人に奢らなくなった（笑）。だって、無理だもん。

コンビ間格差に焦る

——その後、『THE SECOND』まで長い潜伏期間が続くわけですが、どんなことを考えていました？

カミさんは会社員として普通に仕事しているので、食べられなくなるってことはなかったけど、芸人の収入が激減したから土木のバイトをしたりしてましたね。そんな中で、滝沢がゴミ清掃員でプチブレイクしたじゃないですか。実はその時が一番つらかったですね。

——コンビ間格差というか、妬みですか？

妬みとかじゃなくて、ヤベー、俺も何かしなければ完全に「あの人は今」になっちゃうぞっていう焦りかな。コンビで「じゃないほう」って言われるのかな、っていう恥ずかしさも出てきた。漫才では俺がエースだっていう自覚があっただけに、なおさら。

——コンビって一人だけ売れたりすると、うまくいかないものなんですかね？

どのコンビも同じだと思うけど、コンビで丸ごと要らないってなるより、一人だけ要らないってなるほうが絶対にキツいですね。

——焦った西堀さんは何をした？

そこから発明とか、ＹｏｕＴｕｂｅとかをやり始めたのかな。有吉さんに、事務所に本の企画でも出せよって言われて持って行ったこともありました。

――どんな企画だったんですか？

『タカり飯』っていう企画（笑）。先輩にどうやってタカって、タダ飯&タダ酒にあやかるかっていうハウツー本。

――志が低いですね（笑）。滝沢さんの本はかなり評判ですよね。

そうなんですよ。あいつ、ゴミ清掃業とかエコとかだけじゃなくて、小説も書けるんですよ。ゴミ関連の本を書く前には、小説で賞を取りましたし。

――『鬼虐め』という作品で、弊社の電子書籍大賞「双葉社賞」を受賞しましたよね。

うらやましいですよね。あいつ、事務所の人が「賞を取ったよ」ってLINEで連絡した時も、都内で雨の中で清掃車に乗って仕事中だったんですって。それで、雨に濡れた清掃車の前で「ありがとうございます！」って、LINE返信したって。

――雨の清掃車……ってなんだか詩的ですね。西堀さんの『タカり飯』では賞は取れないですよね。

うるせーな！　でも、それくらいコンビ格差が出ちゃって焦ってたんだよ。

――滝沢さんはお子さんもいて、奥様に「月に30万円は家に入れて」と言われて、ゴミ清掃員の仕事を始めたとインタビューで明かしていますが、それをちゃんと活かして本とか講演の仕事につなげているのがすごいですよね。

嫌味な言い方だな。でも、滝沢もゴミ清掃員を始めた時に、有吉さんに「ゴミ清掃員のつぶやき」みたいなツイッターやればって言われたのが目に留まって、本とか講演の仕事につながったんだよね。そう考えると有吉さんって、優しいな。

――同じように、有吉さんにアドバイスされたけど、西堀さんは『タカり飯』でしたからね。

だから、嫌味な言い方するなよ！　でも俺も当時、ドラマの端役とかにはちょこちょこ呼んでもらえてて、「細川たかし一座」にも入れてもらえて。それで安心していたんですけど、冷静に考えたら、芸人としてはヤバかったわけですね。

それでまず、昔行った発明家のロケでもらった資料を数年ぶりに引っ張り出してきて、発明をやることにしたの。

――それが大成功。靴を洗うブラシと洗った靴を干すハンガーが一体となった『靴ブラシハンガー』で、「第24回 身近なヒント発明展」（2020年）のアイデアが初出品にして、まさかの「優良賞」に輝きましたね。

さらに、『静音 くつ丸洗い洗濯ネット』（スマイルキッズ株式会社）は商品化されバカ売れ中とか。

宣伝ありがとうございます（笑）。当時は本当に暇でしたからね。じっくり発明できたと思います。

――それでも、発明がうまくいくかどうかは分からなかったわけだし、やはり、芸人として復活しなければならなかったわけですよね。

本当のことを言うと、『THE SECOND』で準優勝するまでは、芸人としての心はとっくに折れていました。もう、二度と世の中に出られないんだろうなって漠然と思っていましたから。

――それでも芸人を辞めなかった理由は？

何というか、贅沢しなければギリギリ生きていけるだけの収入はあったんですよ。ちょいちょい土木のバイトもしていましたし。だから辞めなかったのかもしれません。芸人としての収入では絶対生きていけないレベルだったら、芸人を辞めていたかもしれないですね。

収入だけじゃなくて、自尊心も傷つけられるんですよね。もう芸人として需要がないなら、普通の仕事に就いて生きていけばいいやって思っていましたもん。だから、実はこの本に登場する芸人の中で俺が一番、「芸人じゃなきゃ嫌だ」っていう気持ちが希薄なのかもしれませんね。

強豪相手に次々「勝っちゃって…」

――奥様はどうおっしゃっていたんですか？

カミさんは芸人続けろって言ってましたね。売れてない頃から同棲してましたからね。ネタ番組に出て少し稼げるようになったら、カミさんに「あんた、最近生意気になったね」って言われましたし（笑）。

――じゃ、『THE SECOND』の前は、一番、片身が狭い時期だったんじゃないですか？

カミさんが居るときは、ソファの背もたれを使わなかったですね（笑）。ソファに浅く腰かけるというか。で、『THE SECOND』終わってからお仕事もらえるようになって最近は背もたれ使ってて、「ソファってこんなに快適なんだ～」って実感しています（笑）。

――『THE SECOND』はラストチャンスだ、みたいな意気込みだったんですか？

いえ。あれ、マネージャーが勝手に応募していたんですよ。俺は副鼻腔炎の手術を予定していたので、今年（2023年）は何事もなく過ごしたいなと思ってたんで（笑）。実際、『THE SECOND』の予選の次の日に手術してますからね。手術前だから安静にしてようと思っていたから、そりゃ、予選は力入ってないですよ。超リラックスしてましたよね。そしたら、バンバンウケて。

その日、20組出てたけど、勝ち抜いたの俺たちだけだったもん。それでベスト32になって、相手がガクテンソクって聞いて、こりゃ無理だ、勝てないと（笑）。

ただ、勝手に応募されて、一応予選は勝ったんだから恰好はついただろくらいに思ってました。事務所も俺らじゃなくて、タイムマシン3号に期待していたみたいだし。

——それが、あっさり勝ち抜いたわけですね。

ただ、その次の相手が今勢いあるランジャタイでしょ。M-1にも出ていたし。あ、これでいよいよ無理だと。滝沢に、「よくここまで勝てたよな」とか言って、お互い満足してて（笑）。

——それが、ランジャタイも撃破。

色々なラッキーもあったんでしょうけどね。でも、ランジャタイに勝ってテレビに出られることになったんで、それはさすがにテンション上がりましたね。それまでは、なんか他人事というか、へ～勝ったんだみたいな感じでしたもん。

——周囲もザワつきだしましたもんね。有吉さんもラジオで話してくれたり。

でも決勝トーナメントの相手が金属バットと聞いて、悪運もここまでかと（笑）。大阪の実力派で、いつか天下取るぞと言われている金属バットですよ。片や副鼻腔炎の手術終わったばかりのおじさん漫才師ですから。でも勝っちゃって。

——次の相手が三四郎でしたね。

もう、相手がみんな強いよ（笑）。三四郎なんてとっくに売れてんじゃん。でも、勝っちゃって。

——あれよあれよという間に、決勝戦ですよ。

決勝戦までいくなんて思ってなかったから、本当にネタなくて。よし、余談でつなごうって（笑）。余談漫才だよ、言ってみれば。

——ネタがないことをネタにしていましたね（笑）。

あれ、本当だったんです（笑）。金属バットに勝ったあと、「俺たちの悪口見つけて」ってマネージャーにスマホでエゴサしてもらってましたもん。それすぐにネタにしようと思っていたから（笑）。

そしたらマネージャーが泣きそうな顔で、「すいません……悪口がないです」って。「マシンガンズ面白かった」とか「マシンガンズ応援している」みたいなのしかないって。

それで、滝沢と、「バカヤロー、ホメてどうすんだよ。悪口探せよ！」ってキレたりして（笑）。そんな感じでネタやってましたからね。

――そういうアドリブ的な空気といわゆる客いじりが、賞レースのガチガチの漫才しか見てこなかった層に新鮮に映ったのでしょうか。

逆に珍しかったたっていうのはあるんでしょうね。「滝沢、イオンの営業じゃないんだぞ」とか、普通の漫才師は大舞台でやらないでしょうから（笑）。結局、俺らのネタは15年前と変わってないんですよ。

ただ、〝余談〟の部分がリニューアルされているだけ。パッケージを変えて中身は一緒。

まあ、でも、今回の『THE SECOND』は運も大きかったよね。対戦相手とか、出番とかひとつでも違っていたら決勝戦までいけなかったよ。

――決勝戦の相手は関西の実力派ギャロップでしたが、マシンガンズは気負わずにのびのびとネタをしていたように思いますが？

うん。気負いはなかった。ここまで来られたので十分だと満足しちゃっていたし。

マネージャーに勝手に応募されて渋々予選に出て勝っちゃって、そのあと、M‐1決勝まで行ったガクテンソクやランジャタイにも勝っちゃって、生放送で金属バット、三四郎にも勝っちゃって……最後、決勝でその日の最低点で負けるっていうオチがついて（笑）。

俺たちからしてみたら最高の結果でしたよ。

――賞レースなのに客いじり、余談多め、ネタ不足と、ある意味、前代未聞だったからか、松本人志さんが「平場が強そう」って言ってくれました。これはうれしかったんですか？

もちろん、めちゃめちゃうれしかったですけど、心の中で「平場強くないです」って（笑）。

優勝したと勘違い

――決勝戦で、その日の全出場者で最低点出したわけじゃないですか。でも、先手でしたから、「もしかすると優勝した？」って思ったんじゃないですか？

ネタ終わって「やり切った」って思って、袖に帰ったら、三四郎とか金属バットとか超新塾が、拍手して迎えてくれんのよ。お疲れ様の拍手だと思ったら、あいつらが「やったな！」「獲ったぞ！」とか言うもんだから、人間弱いもんで勘違いしちゃって、優勝したような気分になってきちゃって（笑）。みんなで記念撮影とか始めて、わいわいしてたのよ。

――そんな中で、ギャロップのネタが始まったわけですね。

そうです。こっちはもう半分優勝した気になっていたから（笑）。しかも、ギャロップのネタ中にお客さんの笑い声がほとんど聞こえてこなかった。「あれ、スベってんのかな？」「ネタのチョイス間違えたな」って勝利を確信しちゃって。結局、ギャロップは前半ずっとフリで後半にドカーンって回収する設定のネタだっただけなんですが（笑）。

後半に笑い声が聞こえてきたけど、俺たちが勝ったと思っているから、滝沢は「あとの祭りだよ」とか言って。俺もみんなに「優勝決まったら、泣いちゃうかもしれない」とか言い出して。密かに泣き顔のシミュレーションとか始めてて（笑）。

――ところが優勝はギャロップで、マシンガンズは決勝大会の最低点でした（笑）。

そうそう。「優勝はギャロップ！」ってなった瞬間、それまでマシンガンズが優勝だって一緒に騒いでいた三四郎とか金属バットが、袖から笑ってんのが聞こえて。急に神輿から手を放された感じでしたよ。ただ芸人たちは「最後に笑ったよ。あんないい負け方ないよ」って。ま、俺たちもそう思いましたけどね（笑）。

――打ち上げとかはあったんですか？

フジテレビさんが焼肉屋取ってくれて。出場していた芸人たちと行ったんですけど、みんなおじさんだから、「俺肉食えないから、ナムルでいいや」みたいな感じ（笑）。ただ、そこで乾杯した瞬間、「終わったな」って実感しましたね。

――優勝したギャロップも来たんですか？

チャンピオンの取材があったから少し遅れてきて。そしたら、ビールを噛みしめるようにゆっくり飲むんですよ。それ見て、「これが勝者の飲み方か」って（笑）。俺たちは風呂上りに牛乳飲むみたいにバカみたいに飲んでたから。

お開きになって、帰りのタクシーで一人になって初めて、俺たちがんばったんじゃないかなって込みあげてきましたね。これまで迷惑かけたけど、これで少しは仕事もらえるようになってカミさん孝行できそうだな～とか思いながら家着いたら、カミさん熟睡してて（笑）。

「待つ」ことができるのが芸人

――本書に登場した芸人さんに共通することですが、みんなブレイクする一瞬のタイミングを「待っている」わけですよね。これがあることを信じて、みなさん、芸人を続けているわけですが、西堀さんには『THE SECOND』でそれが巡って来たと言えますよね。

そうですね。本当にあの生放送の4時間で人生変わりましたもんね。『レッドカーペット』とか『エンタ』とかで、少し世に出てからずっとこの時を待っていたわけですから、なんだかんだ15年くらいずっと待ち続けていたわけですね。

やっぱ、芸人には折れずに「待つ力」は必要なのかもしれない。ただ、待つにも2パターンあると思うんですよね。ひとつは、いろいろネタを試したり「○○芸人」みたいな形での露出狙いで資格取ったり、趣味を極めてみたりする「努力して待つ」タイプ。もうひとつは、特に生き方を変えずに、日々ひたすらいつ来るかもしれないバスを待つようなタイプ。僕は後者に近いかも（笑）。

――「芸人で売れる」確率は低いけど、「宝くじで当たるよりはよっぽど高確率」だということも分かりましたもんね。本書を通じて。

そう。だからみんな待ってしまうんですよ。バカな顔して貧乏して酒飲んで、待ってしまうんです。

――何で、そんなに「待てる」んでしょうか？

それはやっぱり、「芸人でいることが楽しい」っていうのが根本にあるからじゃないですかね。あと、周りに売れていない奴がいっぱいいて、そいつらとわいわいやっていることも楽しいんですよ。

あと、先輩にも恵まれたと思います。

――具体的には？

太田プロってあんまりうるさく言うタイプの先輩っていないんですよ。そんな中で、有吉さんとか土田さんにはアドバイスしていただいたこともあるし、あとやっぱり上島竜兵さんですよね。

酒もめちゃめちゃ奢ってもらいましたし、上島さんって、俺が思うに「負けるのが天才的にうまい芸人」だったんですね。この芸風ってあんまり他にいないんですよ。唯一無二というか。

――西堀さんは後輩にアドバイスしたりしないんですか？

しないですね。売れてない先輩の言うことなんて説得力ないじゃないですか。出てくる後輩はアドバイスしなくても、自力で出てきますからね。

――不思議なもんですね。芸人って職業は。じゃあ、そもそも「芸人」っていったいなんなんですかね？

それね……。本のテーマだもんね。やっぱり俺は、「病気にかかっている」んじゃないかと思うな。今売れている人もそうでない人も、少なからず、「芸人という病」にかかっているんだよね。

――「病」ですか。

これは売れている人よりも、この本に登場した売れていない人を観察するほうが分かりやすいと思う。症状をあげるなら、「貧乏を苦としない」「社会的地位や世間の目も気にしない」があるよね。

客観的に見たら地獄にいるようなもんなんだよ。いい年してバイトして、四畳半の風呂なしアパートに住んで、将来の貯えもないし、親族や世間から白い目で見られるわけだから。でも、芸人だとこれに耐えられるんだよ。

――なぜでしょう？

う～ん、何と言うか、「全部ネタだと思っている」からじゃない。失敗談や苦労話や恥ずかしい話を「おいしい」と思えるマインドがあると思うんだよね、芸人って。

――芸人さんが話す苦労話って、ちゃんと笑いに昇華されてますもんね。

そう。日常生活もネタなんだよね、ある意味。あと、「芸人病」の特徴は、たけしさんの名曲『浅草キッド』の歌詞じゃないけど、「いつかは売れると信じている」ことね。根拠はないのにね。加えて、売れるのを「待ち続けられる」ことも重要かな。

――売れるのって、相当確率低いですよね。100人芸人がいたら1人か2人とかのレベルかと。

なんだけど、逆に言えば「数％も当たる確率がある」って思っちゃうんだよね。芸人という人種は。

――でも、ほとんどの人は売れずに終わっちゃうわけじゃないですか。その人たちは人生後悔しているんじゃないですかね？

後悔している人もいるだろうね。ただ、これは俺の勝手な推測だけど、ほとんどの人は後悔していないんじゃない。それは、根本に「芸人が好き」「お笑いが好き」っていうのがあるはずだから。

この本のメンバーだって、和賀にしろ、松崎にしろ、ブラパイの2人だって、貯金している石沢だって、みんな「売れてなくても芸人を辞めるという選択肢はない」って言ってたでしょ。これが一番根深い病状なんだよね。「芸人という病」の。

――確かに、みんな「芸人を辞める」というフラグは立たないって言っていました。

それは「好きなことをやれている」からなんだよ。サラリーマンの人とか、「自分は本当はこんな仕事したくないけど、食べるためにやるしかない」って考えている人も多いと思うのね。それって、本質的に人生のストレスかもしれない。

でも、芸人にはいくら貧乏していても社会的弱者だと見られていても、その種のストレスは少ないのよ。誰に強制されたわけでもなく、自分が好きでやっているだけだから。

――なるほど。和賀さんもストレスは特にないって言っていましたもんね。

そう。俺は彼らとはちょっと違って、芸人辞めようと思ったことがあるし、ギリギリの生活に耐えるくらいなら別の仕事探そうって思っちゃう。お金欲しいし、いい生活もしてみたい。

そういう意味では、俺が一番、「芸人という病」の軽症患者なのかもしれない（笑）。

――じゃ、一番重症なのはねろめさんでしょうか？

そうかもしれないね（笑）。あいつは「無観客無配信ライブ」をずっとやっているわけでしょ。俺からすると意味が分かんないもん、あれ。

しかも、「売れてみたいけど、仕事が忙しくなると大好きなテレビを見る時間が減るから嫌だ」って言ってたじゃん。でも、バイトしながらネタは作り続けるし、ライブもやっている。無観客だけど（笑）。

芸人＝「職業」か「生き方」か？

——錦鯉さんがM‐1チャンピオンになったことで、50歳を過ぎてもブレイクできることが証明されちゃったわけじゃないですか。これも、芸人病を加速させていませんかね？

あると思う。政府は「人生100年時代」とか言っているけど、そうなると当然、「芸人100年時代」にもなっちゃうわけだから（笑）。

——死ぬまで売れない芸人やっているのって、地獄じゃないですか？

要は、芸人を「職業」としてとらえるか、「生き方」としてとらえるかの違いなのかもしれない。

芸人を「職業」としてとらえるなら、売れても売れなくてもお笑いでお金を稼いで生きていって、老後の貯えも作らなければならないでしょ。

一方、芸人を「生き方」としてとらえたら、それは生涯続く。ある種のライフスタイルだから、それは。衣食住はバイトや別の仕事で何とかしつつ、芸人として生きていく——これが「芸人という病」の最終形態なんじゃないかな。

——芸人とは「職業」ではなく、「生き方」だと。

そうそう。だから簡単には変えられない。「職業」なら、Aという会社からBという会社に転職するのはそんなに難しいことじゃない。でも、「生き方」だとそうはいかないよね。

例えが悪いかもしれないけど、熱心なクリスチャンが、ある時を境に仏教徒になることってあまりないでしょ。だから、宗教にも似ているよね。

——なるほど。

綺麗ごとで言えば、お笑いって人を笑顔にするし、ストレス過多な現代社会に限らず、いつの時代でも一定の需要があると思うんだよね。だから、誇りをもってやろうと思えば続けられるし。

――くだらね～って言う人もいますけど、ネタで笑って人生救われる人もいますしね。

そうだよね。俺たちのネタではいないかもしれないけど（笑）。結局、芸人と呼ばれる人たちは、みんなお笑いが好きなのよ。根っこの部分で。加えて「生き方」としての芸人の居心地の良さにやられちゃってる。だから、「職業」として成立していなくても、芸人を続けるんだね。これが俺の結論。

よし、帰ろう！

エピローグ

芸人団地

俺には夢がある。アラフィフのおっさん芸人が夢を語るなんて気味悪がられるかもしれないが、レッキとした夢だ。

俺の夢——それは「芸人団地」を作ることだ。きっかけは、郊外の大型団地が値崩れしているとのニュースを見たこと。場所によっては分譲価格が下がり、賃貸料も手頃になっているという。そこで将来、団地一棟を買いとるか借り切って、芸人仲間と住みたいと本気で思っている。もちろん、金が十分になければダメだけど。

この本の登場人物は全員、団地の住民でいてほしい。毎日、朝起きてみんなで散歩して公園で立ち話をしてからいったん解散。夕方から団地の集会所で酒を飲んで一日が終わる——。考えただけでも楽しそうだ。

お笑い好きという同じ価値観を共有した仲間と一緒に暮らすのだから、居心地が悪いわけがない。貧乏話や若者にディスられた話だって、酒の肴になってすぐに成仏させられる。誰かが病気になったら、仲間とふざけた格好でお見舞いに繰り出すし、万が一死んでしまっても、葬式でひと笑い起こして弔ってあげる。たまにみんなで営業の仕事に行って、帰ってきたらパーッと打ち上げ。

これじゃまるで、男子高校生が放課後に悪ふざけしている人生だ。終わらない放課後、一生続く放課後。ずっと酒を飲んでバカ話している人生。高校の文化祭前夜のワクワクが続く人生。文化祭後の打ち上げが続く人生。「生き方としての芸人」には、こうした魅力が溢れているように思う。

この本のインタビューページで応えたけど、俺は「職業としての芸人」と「生き方としての芸人」は違うと思っている。「生き方としての芸人」のほうに重きを置くと、世間の目は関係なくなる。これってある意味で世捨て人だから、「お笑い真理教」の出家信者だともいえる。

マルクスは「宗教はアヘンである」と言ったけど、お笑いもこれに近い気がする。西堀いわく「お笑いはアヘンである」——なんて、かっこよすぎるかも。

まだまだ売れたいし、地位も名誉も金も欲しいけど、これだけは断言できる。

俺は芸人になってよかった——。

Staff

企画	太田プロダクション(髙畠久美子、田中祐士)
編集・構成	21世紀BOX(鈴木実)、双葉社(小宮山瑛生、栗原大)
装丁・デザイン	鈴木徹(THROB)

芸《げい》人《にん》という病《やまい》

西堀亮
（にしほり・りょう）
1974年生まれ、北海道出身。高校卒業後、お笑い芸人を目指し上京。東京都豊島区主催のユーモア講座を受講した際に相方の滝沢秀一に出会い、1998年にコンビ結成。マシンガンズとして『爆笑レッドカーペット』（フジテレビ系）、『エンタの神様』（日本テレビ系）などに出演しプチブレイクを果たすも、以降は鳴かず飛ばず。2023年に、『THE SECOND〜漫才トーナメント〜』（フジテレビ系）で準優勝を獲得し、奇跡の復活を果たす。YouTube「西堀ウォーカーチャンネル」が好評を博している。

2023年9月24日　第1刷発行

著者——西堀亮
発行者——島野浩二
発行所——株式会社双葉社
〒162-8540　東京都新宿区東五軒町3番28号
[電話] 03-5261-4818（営業）
03-5261-4827（編集）
http://www.futabasha.co.jp/
（双葉社の書籍・コミック・ムックが買えます）

印刷所・製本所——中央精版印刷株式会社

ISBN978-4-575-31821-0 C0076